마음의 평안과 자유를 얻은
30년만의 휴식

마음의 평안과 자유를 얻은
30년만의 휴식

지은이 | 이무석

펴낸곳 | 비전과리더십
등록번호 | 제302-1999-000032호
주소 | 140-240 서울시 용산구 서빙고동 95번지 두란노빌딩

편집부 | 2078-3442   e-mail | gracepark@duranno.com
영업부 | 2078-3333   FAX 080-749-3705
발행일 | 초판 1쇄 2006. 5. 9.
122쇄 발행 | 2024. 7. 12

ISBN 978-89-90984-02-5 03320

마음의 평안과 자유를 얻은

30년만의 휴식

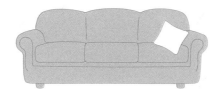

이무석 지음

비전과리더십

{ 차 례 }

1 성공했지만 성공하지 못한 '휴' 이야기

2 우리 안에도 어린 '휴'가 있다
– 내 안의 어린아이 극복하기

"나는 그의 열렬한 팬"

이시형
정신과 전문의
한국자연의학종합연구원 원장

"선생님, 정신 치료면 됐지 약은 왜 또 먹어야 하는지, 환자들에게 설명하기가 쉽지 않네요."

정신과 세미나에서 젊은 레지던트 이무석 선생이 내게 던진 첫 질문이었다. 이건 풋내기가 할 수 있는 질문이 아니다. 경험 많은 의사의 오랜 고민 끝에야 나올 수 있는 질문이다. 환자와의 대화 한 마디 한 마디를 진지하게 고민하고 깊이 생각해 본 의사만이 가질 수 있는 의문이다. 그걸 이제 겨우 정신과 수업을 시작한 햇병아리가 하다니!

난 그후에도 그 젊은 의사를 유심히 지켜봤다. 가냘픈 체구에 늘 생글거리는 앳된 얼굴이었다. 하지만 그의 질문은 예리하고 정곡을 찌르는 것이어서 언제나 선생인 나를 긴장하게 만들었다. 그는 그때부터 어딘가 달랐다. 세미나실의 많은 수련생 중 눈에 띄는 정말이지 장래가 촉망되는 젊은이였다.

기대대로 그의 성장은 일취월장했다. 영국에서 정통 정신분석을 하고 돌아온 후, 그는 한국 정신의학계에 떠오르는 별이 되었다. 그의 강연은 학회에서 단연 인기, 청중을 구름같이 몰고 다니는 스타 중의 스타이다. 우선 그의 강의는 쉽고 재미있다. 그 어려운 정신분석 이론을 마치 친구와 환담하듯 쉽게 풀어나간다. 그가 준비해 온 자료는 사진이나 만화 한 컷까지 온통 기지가 넘친다. 장내엔 폭소 연발, 여기가 정신분석 세미나장인가 의심이 갈 정도이다. 나 역시 그의 열렬한 팬이다. 다른 세미나 다 제쳐놓고 그의 세미나는 언제나 내겐 청강 1순위다. 이젠 거꾸로 되었다. 내 강의를 들으려고 진지한 눈망울을 하고 앉아 있던 그 자리에 지금 내가 앉아 있다. 정말 기분 좋다. 대견스럽고 자랑스럽다. 아껴 왔던, 그리고 기대해 왔던 후학의 강의를 듣는 것만큼 선배로서 흐뭇하고 행복한 일도 달리 없다.

요즈음 정신의학은 정신약물에 빠져 있지만 이 선생은 초지일관

정통 정신분석가로서의 자리를 지켜 오고 있다. 그것만으로도 존경스럽다. 오늘 그가 쓴 『30년 만의 휴식』을 받아 들고 또 한 번 이무석 만세를 외쳐 대지 않을 수 없다.

"그래, 역시 넌 달라." 내 입에서 절로 나온 감탄이다. 한마디로 통쾌했다. "그래, 정신과 진료는 이렇게 하는 거야.", "책은 이렇게 쓰는 거야." 책장을 넘길 때마다 감탄 연발이다.

내가 특히 감동하는 건 이 선생과의 지난 인연 때문만은 아니다. 선생의 진료 철학이나 강의 스타일이 나와 너무나 같아서다. 실제로 우리 둘은 만나면 그냥 즐겁다. 서로 떨어져 있어 오랜 시간 함께 있진 못하지만 어쩌다 학회에서의 짧은 만남에도 우린 그냥 보는 것만으로도 즐겁다. 별말이 필요 없다. 우린 정말이지 가슴으로 통하는 연인과도 같다. 존경과 신뢰 탓이리라. 한참 못 보면 문득 그리워질 때가 있다.

요즈음 나도 홍천에 건강마을을 짓느라 한창이다. 명상과 사색이 주제다. 깊은 산속, 오솔길을 어슬렁거리며 자기와 만나는 시간을 가져 보자는 취지의 마을이다. 숨 가쁘게 달리기만 하는 현대 도시인에게 혼자만의 시간을 갖게 하려고 정성 들여 짓고 있다. 내 50년 진료 일지를 펼쳐 놓고 심신수련 프로그램을 만들고 있다. '이게 먹혀들까?' 회의도 들고 때론 아주 혼돈에 빠지기도 한다. 이때 날아 든 『30년 만의 휴식』은 내겐 구원의 손길이었다. 그래서 더 반갑다. 등장인물들은 여느 정신과 의사도 만나는 보통 환자들이다. 하지만 이 선생은 접근법이 다르다. 그는 특별하다. 우리 건강마을에 교재로 쓰기에도 안성맞춤이다. 고맙다.

그러고 보니 이 선생은 타고난 정신과 의사란 생각을 지울 수 없게 한다. 이 책을 읽으면서 더욱 그런 생각이 든다. 평소 그의 성품에서 그런 기운을 느끼게 한다. 부드러우면서 날카롭고, 논리적이면서 직관적이며, 학구적이면서 디자이너를 아내로 맞을 만큼 삶의 멋을 아는 멋쟁이기도 하다. 지성적이면서 감성적인 그야말로 완벽에 가까운 균형 잡힌 인간이다. 그는 분명 시대의 스승이다. 정신없이 달리기만 하는 수많은 '휴' 씨들에게 정녕 고마운 복음을 들려주고 있다. 이 책은 현대인이면 누구나 읽어야 할 필독서다. 이 귀한 책을 펴낸 선생에게 다시 한 번 감사와 존경을 표한다.

"다정한 친구처럼
내면의 힘을 얘기해 주는 책"

이병욱
한국정신분석학회 회장
한림대학교 교수

우리가 살아가는 이 세상이 참으로 벅찬 짐으로 느껴질 때가 많이 있다. 뜻대로 되지 않는 일도 많거니와 속상하고 답답한 내 심정을 제대로 받아 주고 이해해 주는 사람을 만나기도 쉬운 일이 아니기 때문이다. 그래서 사람들은 다른 무언가를 통해 이러한 욕구 불만을 해소하고자 기를 쓴다. 돈을 벌기 위해 새벽부터 밤늦게까지 일에 몰두하기도 하고 피곤을 잊기 위해 술에 의지하고 취미활동과 운동에 힘을 쏟기도 한다.

그래도 풀리지 않는 무언가가 있으면 신앙을 가져 보거나 다른 집단에 가입해 소속감을 얻으려는 노력도 해 본다. 오랜 세월 종교와

예술은 그처럼 무수히 많은 사람들의 심적인 부담과 괴로움을 덜어 주는 훌륭한 보약이 되어 왔다. 그러나 그 모든 노력에도 불구하고 여전히 마음의 고통에서 벗어나지 못하는 사람들이 많은 것 또한 사실이다. 정신분석과 정신치료를 원하는 사람들은 대부분 나름대로 노력을 많이 해 온 사람들이다.

나에게 치료를 받던 어느 중년 부인은 자신의 문제점을 한 마디로 정확하게 표현했다. "저는 가슴으로 사는데 남편은 머리로만 살아요. 그래서 자꾸만 충돌이 생겨요." 그렇다. 우리가 살아가는 데는 가슴과 머리 모두 필요하다. 어느 한 가지만 고집하기 때문에 갈등과 불만이 생기는 것이다. 그리고 갈등과 불만을 야기한 원인을 내가 아니라 상대방에게만 있다고 여기기 때문에 문제 해결의 기미가 보이지 않는 것이다.

대부분의 경우 문제 해결의 출발은 내 자신을 이해하는 데 달려 있다. 우선 나를 이해하면 타인에 대한 이해가 가능해진다. 옛말에 복(福)은 자기가 짓는 거라고 했는데 맞는 말이다. 행복과 불행의 갈림길은 외부의 조건에 좌우되는 것이 아니라 각자의 마음가짐에 달렸다.

이무석 선생의 『30년만의 휴식』은 그러한 모순된 삶의 수수께끼를 푸는 귀중한 열쇠를 마치 다정한 친구처럼 부드러운 음성과 몸짓으로 넌지시 쥐어 주는 책이다. 선생은 우리 각자의 내면에 간직된 보이지 않는 힘의 실체를 이해하기 쉬운 말로 당신의 임상 경험을 통해 드러내 보여 준다. 그것은 우리가 살기 위해 허겁지겁 서둘러 먹고 떠나야 하는 아침 밥상과는 달리 저녁 시간에 차분하게 마주앉아 담소하며 이 반찬 저 반찬 골고루 음미하게 만드는 만찬과 같은 여유로움으로 우리 자신을 되돌아보게 하는 아주 영양가 있는 진수성찬과 같다.

나는 지난 20년 가까이 결코 적지 않은 세월 동안 이무석 선생과 함께 정신분석을 공부하면서 선생에게 실로 많은 것을 배우고 느꼈음을 고백한다. 단순히 선생의 해박한 지식에서가 아니라 온몸에서 우러나오는 인간에 대한 깊은 신뢰와 통찰 그리고 따스한 체온으로 전달되는 실천적 몸짓을 통해서였다.

선생은 부드러운 온정과 학문적 열정이 조화되는 삶을 보여 주고 있다. 돈독한 신앙심과 해박한 분석적 지식으로 환자의 아픈 마음을 위로하고 치유함으로써 당신을 잘 알고 따르는 많은 후학들에게 훌륭한 귀감이 되고 있다.

　　일반 독자들을 위한 배려로 정신분석에 대해 알기 쉽게 풀어 쓴 선생의 이 저작을 통해 더 많은 사람들이 자기 자신을 이해할 수 있기 바란다. 그리고 이 책을 읽는 사람들이 자신에 대한 이해를 통해 각자의 무거운 심적 부담에서 벗어나 자유롭고 여유로운 마음가짐으로 인생을 살아갈 수 있게 되기를 진심으로 바란다.

프롤로그

그대로의 자기를 누리는
기쁨

지난 30년간 나는 정신과 의사로서 마음이 아픈 사람들을 도우며 살아 왔다. 그들 중에 성공한 '일벌레' 선 박사가 있었다. 대학교수인 선 박사는 어느 날 작은 말 실수 때문에 강의 공포증에 빠졌고 분석을 통해 치료되었다. 강의를 다시 하게 되던 날 그녀는 기쁨에 들떠 "참 신기해요. 안정제를 먹은 것도 아닌데 어떻게 불안이 사라졌을까요?"라고 감탄했다. 나에게 인상적이었던 것은 여름휴가를 다녀 온 선 박사가 들려 준 이야기였다.

"바닷가로 휴가를 갔었어요. 저녁을 먹고 남편, 아들과 함께 바닷가에 나갔지요. 모래사장 위에 의자를 놓고 앉아서 하늘을 보았어요. 바닷가의 별은 많기도 했고 서울 하늘에서와는 달리 유난히도 빛이 났습니다. 모래사장 위를 뛰노는 아들과 남편의 웃음소리, 그리고 밀려오는 파도 소리를 들으며 문득 '아, 이것이 휴식이구나!' 하는 생각을 했지요. 바닷가에서 보낸 시간은 채 30분이 못 되었지만 나는 30여 평생 처음으로 휴식을 누린 것 같았어요. 눈물이 날 것 같았지요. 그러고 보니까 평소와 달리 휴가를 오면서 노트북도 가지고 오지 않았더라고요."

내가 이 책을 쓰게 된 것은 선 박사 때문이었다. 세상에는 일벌레 선 박사가 많다. 돈과 지위와 인기를 얻으면 만족이 있을 것으로 알고 숨차게 뛰고 또 뛰는 '또 다른 선 박사들' 말이다. 그러나 천신만고 끝에 지위가 높아지고 인기를 얻어 보아도 만족은 없고 마음이 공허한 '선 박사들' 이 많다. 외부적으로는 성공했으나 내면적으로 행복하지 못하기 때문이다.

나는 성공은 했지만 행복을 누리지 못하는 선 박사들과

아직 성공에 이르지 못해, 성공만 하면 모든 것이 좋아지리라는 희망을 품고 여전히 성공을 위해 달리는 선 박사들, 또한 이미 나에겐 성공은 물 건너 가 버린 일이라 자포자기하며 불행함을 느끼는 선 박사들에게 성공 그 자체가 우리의 행복을 좌우하는 요소가 아니라는 얘기를 하고 싶다. 깊은 행복과 만족은 자기 자신을 아는 데 있다. 인간은 자신을 알고, 이해하고, 성숙해지면서 거기에서 오는 만족과 행복을 누리는 존재이다.

자신을 자유롭게 하고 성장시키기 위해서는 자신의 내면세계를 이해할 필요가 있다. 자기를 분석하는 것이다. 사실 사람들은 모두 자기분석을 하면서 살고 있다. 일상생활을 하면서도 자기 마음을 이해하려는 질문들을 자기에게 던진다. '내가 왜 이러지?' 하거나 '내가 왜 이렇게 우울하지?' 하는 식의 질문을 던지고, '아하, 그 문제 때문이었구나!' 하고 스스로 답을 찾는다. 자신을 깊이 이해할수록 인간은 편하고 자유로워진다.

자신을 이해하고 자유를 찾은 사람들은 선 박사처럼 휴식을 즐길 수 있게 되었다고 말한다. 어떤 사람은 "내가 중요한 인물이란 것을 알게 되었어요. 그리고 세상은 내가 한번 살아 볼 만한 곳이라는 것도요"라고 말했다. 한 부인은 "내가 변하니 내 아이가 행복해졌어요"라고 했다. 부부생활이 좋아진 사람도 있었다. 직장에서 대인관계가 편해진 사람들도 있고 일이 훨씬 능률적으로 된다는 사람들도 있었다.

인간의 마음은 '보이는 부분'과 '보이지 않는 부분'으로 나뉘어져 있다. 그것이 바로 의식과 무의식이다. 무의식에서 일어나는 감정이나 생각들은 굉장한 영향력을 가지고 우리의 감정과 행동을 지배하고 있다. "나도 모르게 그렇게 됐어요"라든지 "부지불식간에 자리를 피하게 됐어요" 같은 말은 무의식적 행동을 보여 주는 말들이다. 자기 마음이면서도 자기가 모르는 마음이 무의식이다. 자신을 이해하는 것은 자신도 인지하지 못하고 있던 자신의 무의식을 이해하는 것이다.

⌒⌒⌒⌒

나는 이 책에 '휴'라는 인물을 등장시켰다. 30대의 중견 기업 임원이지만 인간관계가 어렵고 행복감을 느낄 수 없는 인물이다. 그의 무의식에는 그를 쫓는 아버지가 있었다. 휴는 나를 만나는 과정에서 자신의 무의식을 이해했다. 그리고 달라졌다. 나는 독자와 함께 그가 어떤 과정을 밟았으며, 어떤 심리적 변화를 경험했는지 얘기하고 싶다. 그리고 마음을 자유롭고 행복하게 유지하기 위해서 우리가 어떤 노력을 기울여야 하는지에 대해서도 얘기하고 싶다.

인간의 무의식은 깊이가 천 길, 만 길이다. 그래서 탐구하기도 쉽지 않다. 정통 정신분석을 받는 것이 가장 전통적인 방법이다. 미리 말해 두고 싶은 것이 있다. 이 책의 주인공 휴의 경우는 무의식의 발견 과정과 그후의 변화를 보여 주는 것이 목적이었다. 그래서 전통적인 분석기법과 차이 나는 부분이 있을 것이다.

정신분석을 받지 않고도 자기의 무의식을 이해할 수 있는 방법이 있는데 그것은 끊임없이 자기성찰을 하는 것이다. 이 책에서 독자들은 많은 사람들의 이야기를 읽을 것이다. 그들은 내가 지난 30년간 진찰실에서 만난 사람들이다. 물론 그들이 누구인지 알 수 없도록 변조했다. 당신이 이 책에 소개된 사람들의 이야기를 읽다가 문득, 과거의 어떤 일이 생각났거나 친구의 이야기가 떠올랐다면 그건 소중한 경험이다. 자신의 무의식에 접근한 것이고 큰 소득이다.

나는 진찰실 밖에 있는 세상의 '선 박사'나 '휴' 들이, 그것이 어떤 수준에서 이루어지든 간에, 내적 성찰의 기회를 갖고 자유와 휴식을 누릴 수 있게 되기를 바란다. 선 박사와 휴가 '그대로의 자기'를 누릴 수 있었을 때 비로소 맛볼 수 있었던 '30년 만의 휴식'을….

이 책을 만들기 위해서 도서출판 '비전과리더십' 팀원들의 수고가 많았다. 특히 고준영 편집장은 번뜩이는 통찰력으로 막힐 때마다 글의 맥을 시원하게 뚫어 주었다. 언제나 나를 '대장'으로 인정해 주며 오늘까지 나의 고마운 '반사 대상(mirroring selfobject)'이 되어 준 나의 아내 문광자에게 이 책을 바친다.

2006년 봄에

이무석

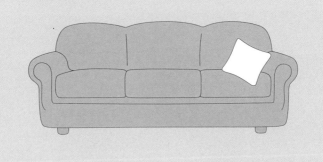

1부

성공했지만
성공하지 못한
'휴' 이야기

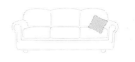

사람이 사람에게 약이다

Scene A

서울 누나 집. 며칠 후에 있을 취업시험 공부에 머리를 싸매고 있
는 삼촌한테 여섯 살짜리 조카가 조른다.

"삼촌, 나랑 놀자~."

"삼촌 공부하고 있는 거 안 보여? 삼촌 바쁘니까 나중에 놀자,
응?"

"우씨, 맨날 공부, 공부…. 삼촌, 삼촌 집에 가! 왜 우리 집에서 공
부해!"

"뭐라고? 이 자식이! 내가 취직 못한다고 쬐끄만한 너까지 날 무

시해? 그래 간다, 가! 내가 다시는 너희 집에 오나 봐라. 내가 집이 없어서 여기 있는 줄 알아? 너 자알 들어! 너도 시골 할아버지 집에 오기만 해 봐, 죽을 줄 알아!"

화가 잔뜩 난 삼촌, 가방을 들어다 방바닥에 팽개치더니 옷가지를 쑤셔 넣는다.

Scene B

서울 누나 집. 며칠 후에 있을 취업시험 공부에 머리를 싸매고 있는 삼촌한테 여섯 살짜리 조카가 조른다.

"삼촌, 나랑 놀자~."

"삼촌 공부하고 있는 거 안 보여? 삼촌 바쁘니까 나중에 놀자, 응?"

"우씨, 맨날 공부, 공부…. 삼촌, 삼촌 집에 가! 왜 우리 집에서 공부해!"

"저런, 우리 조카 화났구나. 삼촌 바쁘니까 동화책 몇 페이지만 읽어 줄게. 그 대신 삼촌 공부 끝날 때까지 TV 보면서 기다려. 공부 끝나면 또 읽어 줄 테니까. 착하지?"

삼촌은 잠시 공부를 멈추고 거실로 나와 동화책을 몇 페이지 읽어 주고는 TV를 켜서 어린이 채널에 맞추어 주고 다시 공부하러 들어간다.

이 두 상황은 취업 준비로 바쁜 삼촌이 조카의 요구를 어떻게 처리하는지를 대조적으로 보여 준다. A, B 두 삼촌 모두 심심한 조카와 놀아 주는 것보다 자신의 취업 준비가 급하고 중요한 일이라, 조카의 요구를 들어 줄 수 없다. 그러나 조카의 요구는 조카에게는 아주 중요한 것이었던 만큼 자신의 요구가 좌절된 조카는 삼촌을 나가라고 한다. 화가 난 조카의 태도에 대한 삼촌 A, B의 반응은 전혀 다르다. '삼촌 A'는 화난 어린 조카의 말에 자신의 입장을 떠올리며 상처를 받고, 자신도 화를 내며 짐을 꾸린다. '삼촌 B'는 조카의 나가라는 말이 화난 어린아이의 투정이라 생각하고 화를 달래 주고 삼촌의 관심이 필요했던 아이의 요구를 일정 부분 채워 준다.

'삼촌 A'는 조카와 사고의 눈높이가 같은 '철부지 어른(adult child)'이며 '삼촌 B'는 '철든 어른(mature adult)'이다. 성숙한 어른이란 '삼촌 B'처럼 상대방의 화를 잠재우고 우호적인 관계를 형성할 수 있는 사람이다.

초등학생들에게 "여러분은 어떤 삼촌일 것 같아요?" 하고 물어 본다면 아이들답게 '삼촌 A'라고 대답할 것이다. 만약 어른인 당신에게 똑같은 질문을 한다면 어떨까. 대개는 약간의 갈등을 겪으면서 '삼촌 B' 라고 대답할 것이다. 하지만 실제로 그런 상황에 맞닥뜨린다면 '삼촌 A' 가 되는 경우가 많을 것이다. 이 두 삼촌 가운데 어느 쪽이 더 인생을 성공적으로 살아갈 것 같은가? 의심할 여지없이 '삼촌 B' 다. 철든 삼촌은 조카의 사랑을 받는다. 조카뿐만 아니라 친구들도 그를 만나면 기분이 좋아진다.

사람은 관계에서 행복을 느끼는 존재이다. 부와 명성, 권력을 다 갖추고 있어도 가족, 친구, 직장동료 등 주변사람들과 냉랭한 관계에 있는 사람은 삶의 만족과 기쁨을 누리지 못한다. 인간관계가 빈약한 사람들은 고독에 시달린다. 원숭이를 포함한 영장류는 유난히 고독을 못 견딘다. 관계를 맺으며 살도록 지어졌기 때문이다. 침팬지들은 어미를 격리시키면 우울증에 빠진다. 혼자 남은 침팬지 새끼는 어미가 자신에게 하던 것처럼 혼자서 자기 몸을 쓰다듬고 자기 발가락도 빨아 보고 털도 뽑아 본다. 기다려도 어미가 오지 않으면 무기력증에 빠진다. 멍하니 앉아서 허공만 바라 본다. 어미가 돌아와도 반응을 보이지 않는다.

이런 반응은 고립된 인간의 아이에게서 더욱 심하게 나

타난다. 어떤 아이는 죽기까지 한다. 영장류 가운데 인간만큼 고독을 못 견디는 동물도 없다. 고독하게 사는 사람들은 병에 대한 저항력도 떨어진다. 고독한 사람은 면역세포인 티 임파구(T-lymphocyte)가 형편없이 적어 고독하지 않은 사람의 60퍼센트 수준이다. 면역력이 떨어지니 암도 잘 걸리고 감기도 잘 걸린다. 아내가 살아 있는 중년 남자들에 비해서 아내가 사망한 홀아비들의 사망률은 두 배나 높다. 그것도 아내 사망 후 일 년이 가장 위험하다. 배우자가 살아 있어 주는 것만으로도 수명이 연장된다는 연구 결과이다. 아내와 남편이라는 존재가 고독감을 제거해 주기 때문이다. 이런 연구 결과는 인간이 인간에게 얼마나 의미 있는 존재인가를 생각하게 한다. 고독한 사람이라고 하면 나의 환자였던 김 군 생각이 난다.

ꋼ

김 군은 소위 일류 대학에 다니는 전도유망해 보이는 청년이었으나 정신분열증으로 입원했었다. 그는 고독했다. 아무도 자신을 찾는 사람이 없다고 했다. 그런 그가 대학에 들어가 동아리 선배 누나를 좋아하게 되었다. 그의 마음에 사랑이 싹

튼 것이다. 들뜬 기분으로 동아리 생활을 하던 중 수련회에 갔다가 선배 누나가 동아리 회장과 각별한 사이라는 것을 알게 되었다. 김 군은 크게 상심했고 이를 이겨내기가 힘들었다. 이것이 정신분열증을 초래해 한 달 동안 입원을 하게 됐다. 다행히 그는 이성을 회복해 현실로 돌아왔으나 현실은 고통스러웠다. 퇴원했지만 아무도 찾아와 주는 사람이 없었다. 퇴원 후 나는 일주일에 한 번씩 김 군을 만났다.

"내가 자취방에서 죽어도 내 시체는 아마 열흘은 넘어야 발견될 거예요. 휴일이면 하루 종일 집에 있어도 전화 한 통 오지 않아요. 다들 재미있게 사는데 저만 이렇게 살아요."

그래서 그는 주말이 가장 싫다고 했다. 학생들은 다들 주말을 기다리는데 그에겐 주말이 괴로웠다. 평일에는 학교에 가서 수업이라도 받을 수 있지만 주말이면 아무도 찾아와 주지 않는 자취방에서 질식할 것 같은 고독감을 견뎌야 했다. 정신분열증이 발병하기 전에도 김 군은 그렇게 살아왔다. 정신분열증에 잘 걸리는 사람들의 성격 특성이 고립감이다. 김 군은 인간을 그리워하면서도 인간관계 맺기를 두려워했다. 무시당할 것 같고 상처 받을 것 같은 두려움 때문이었다. 공부는 일등인데 인간관계 맺는 능력은 지진아 수준이었다.

그러다 정말 천사 같은 친구를 만났다. 다행스러운 일이었다. 그 친구 덕분에 치료가 되었기 때문이다. 친구는 김 군의 고독감을 이해했고 거기서 벗어나도록 도와주었다. 학교에 갈 때도 늘 같이 가고 함께 밤새우며 시험공부도 했다. 그러나 김 군은 그 친구를 경계하고 언제 떠날지 몰라 마음의 문을 열지 않았다. 하지만 친구는 한결같았다. 마침내 김 군은 자신을 이해해 주고 함께 있어 주는 친구에게 마음을 열었다. 친구가 생겼다는 것이 사람을 얼마나 안심시키는 것인지…. 그후 김 군은 대학을 졸업했고 어려운 국가고시에도 합격했다. 그 친구가 여자친구도 소개시켜 주었다. 유능하고 너그러운 여인이었다. 김 군은 결혼해 아버지가 되어 자기 몫의 삶을 잘 살고 있다. 사람이 사람에게 약이다.

우리를 지배하는 것은 보이지
않는 내면이다

2006년 1월 동아일보가 코리아 리서치, 인제대 서울 백병
원과 함께 직장인의 행복에 대한 설문조사를 했다. 직장생활을
행복하게 또는 불행하게 만드는 요인 가운데 가장 큰 것으로
나타난 것은 '함께 일하는 사람들과의 관계'였다. 같은 시기에
삼성전자 대리급 직원을 대상으로 조사한 결과에서도 '조직 내
인간관계 갈등'이 직장생활에서 가장 힘든 점 1위였다.

　　대부분의 직장인들은 인간관계의 바이블 한두 권쯤은
다 갖고 있을 것이다. 1936년에 출간된 데일 카네기의 『인간

관계론』은 전 세계적으로 3,000만 부가 팔렸다고 하며, 70년
이 지난 지금도 새로운 번역과 장정으로 꾸준히 출간되고 있
다. 카네기는 그가 깨달은 인간관계 원리를 널리 알리기 위해
카네기 연구소도 설립했다. 카네기를 비롯, 여러 현자들과 책
에서 얘기하는 인간관계론의 핵심은 '다른 사람의 얘기를 진
심으로 경청하라, 상대방과 논쟁해 이기려 하지 마라, 상대방
을 비난하지 말고 진심으로 칭찬하라' 는 것이다. 직장에서나
가정에서 인간관계를 잘하고 싶은 사람들에게 사람의 마음을
이해하고 좋은 관계를 맺어 나가는 황금 같은 지혜들을 가르
쳐 준다.

　　많은 사람들이 책에 소개된 방법을 적용해 자신의 대인
관계를 개선하려 노력하고 있다. 그 노력이 결실을 맺어 인간
관계가 개선되고 행복한 관계를 만끽하는 사람들도 많다. 그
러나 한편에서는 머리로는 아는데 실생활에서는 생각대로 되
지 않아 힘들어하는 사람도 많다. 속으론 사랑을 주고받는 관
계가 되기를 간절히 원하면서도 실제로는 오히려 사람들과 불
화를 일으켜 트러블 메이커가 되는 사람들도 많다. 심지어 이
미 사회적으로 성공한 사람들조차도, 인간관계를 잘 이끌어

온 듯해 보이는 사람들마저도 알고 보면 인간관계 때문에 남 몰래 고통을 받고 있는 경우가 허다하다.

인간관계가 어려운 것은 우리가 인간관계의 지혜를, 처 세술을 몰라서 그런 경우도 있겠지만 그러나 아는 경우에도 아는 만큼 실행하기가 어려운 데 더 큰 이유가 있다. 인간관계 에는 무엇을 알고 모르는 것에 좌우되지 않는 다른 영역이 관 련되어 있는데, 우리의 마음과 행동을 지배하고 있는 무의식 이 그것이다. 의식적으로는 잘해보려 해도 우리 내면을 지배 하는 무의식이 그것을 방해한다.

우리들 대부분은 우리 안에 성숙한 관계를 방해하는 장 애물들을 갖고 있다. 정신분석에서는 그 장애물을 '유년기의 상처' 혹은 '심리적 갈등', '마음속의 아이'라고 한다. 내적 치유를 하는 사람들은 '쓴 뿌리'라고도 한다. 이 무의식의 장 애물을 그대로 놔둔 채 겉으로만 칭찬이나 웃음을 사용한다면 그것은 일시적으로 상대의 환심을 사려는 얄팍한 기술일 뿐, 진솔하고 오래가는 인간관계를 맺는 데에는 도움이 되지 못한 다. 자기 안의 장애물을 이해하고 그것을 제거하는 것이 좋은 인간관계를 맺기 위한 진정한 시작이라고 할 수 있다. 자신의

내면을 이해하는 과정을 통해서 비로소 건강하고 편안하며 자유롭고 행복한 관계를 회복할 수 있는 것이다.

༺༒༻

　　내가 만난 30대 후반의 잘 나가는 중견기업 임원 김 휴㈜. 그는 30년 동안 지녀 온 자기 안의 고통스런 장애물 때문에 늘 마음이 무엇엔가 쫓기고 인간관계가 불편했던 사람이다. 그런 그가 석 달 만에 그 장애물을 다스려서 스스로 '신비로운 체험'이라 할 만한 마음의 평안과 기쁨을 누리게 되었다. 그리고 다른 사람과도 훨씬 편안한 관계를 경험하고 있다.

　　"그날 밤 저는 오랜만에 깊은 잠을 잘 수 있었습니다. 얼마 만에 자 보는 단잠이었는지 모르겠습니다. 아침에 잠에서 깰 때마다 느꼈던 불쾌함이 사라졌고 짐을 부린 듯이 몸이 가벼워졌습니다. 아내의 살갗도 부드럽게 느껴졌습니다. 어둠 속에서 햇빛으로 나온 듯 마음이 밝아졌습니다. 개나리 잎에 떨어지는 햇살도 너무 아름다웠습니다. 너무 극적인 변화여서 불안하기까지 했습니다. 그러나 신비로운 경험이었습니다. 아, 그리고 무엇보다 직장에서 저의 인간관계가 달라졌습니다."

그가 나에게 보내 온 이메일의 한 대목이다. 휴는 어떻게 이런 '신비로운' 체험을 할 수 있었을까. 휴는 우리 주변에서 흔히 볼 수 있는 사람이다. 그는 어쩌면 우리 자신의 모습일지도 모른다. 우리 대부분은 어떤 형태로건 마음에 쫓김을 가지고 인간관계에서 크고 작은 고통을 겪으며 살고 있기 때문이다. 휴의 이야기를 통해서 우리 스스로를 돌아보면서 내적 치유와 인간관계의 회복에 대해 배울 수 있게 될 것이다.

유능한 트러블 메이커, 휴

정신치료를 받으러 오는 사람들 중엔 직장인들이 꽤 많다. 그들의 근무시간을 피해 치료 스케줄을 잡다 보면 나의 출근 시간은 보통 새벽이 되고 퇴근 또한 저녁 8시 이후가 된다.

어느 월요일 아침이었다. 아직 환자와의 약속시간이 되지 않았는데 누군가 "똑똑" 노크를 했다. 김 휴씨였다. 정신치료를 받았던 사람이 다시 찾아오면 나 같은 정신과 의사들은 걱정이 앞선다. '또 문제가 생겼나?' 하는 것이다. 그러나 일단 그의 얼굴이 밝아서 안심이 되었다. 그는 부끄러운 듯 머뭇

거리며 도시락을 건네 주었다. 회의 때문에 아침을 굶고 출근
하는 직원들에게 주려고 도시락을 샀는데, 내 생각이 났다고
했다. 이런 행동이 아직 그에게는 익숙지 않은 것 같았다.

　　병원에 다니고 있던 얼마 전까지만 해도 휴는 매우 우울
했다. 사장이 사직을 권고했기 때문이었다. 똑똑하고 유능해
서 초고속 승진을 해 온 휴에겐 날벼락 같은 일이었다. 뜻밖의
배신감에 절망하고 분노하던 휴는 사직권고를 받은 날 저녁부
터 설사를 시작했다. 설사는 멈추지 않았고 급기야 체중이 5
킬로그램이나 빠졌다. 병원에서 정밀 검사를 해 보았지만 아
무런 이상이 없었다. 휴는 탈진한 상태에서 내과의사의 권고
로 정신과를 찾았다. 원인모를 '설사'가 아니었다면 나와 휴
는 만날 수 없었을 것이다.

　　휴와 얘기를 나누면서 나는 그가 권고사직을 당한 이유
가 (본인은 물론 그렇게 표현하지 않았지만) 회사의 트러블 메
이커였기 때문이라 생각했다. 내가 보기엔 그의 대인관계가
지나치게 경쟁적이고 공격적으로 보였다. 안타깝게도 휴는 자
기 대인관계의 문제를 이해하지 못하고 있었다. 그는 죽어라
일했는데 쫓겨나게 된 것에 대한 배신감과 억울함에 분노하고

있었다. 설상가상으로 원인모를 설사까지 겹쳐 완전히 침체돼
있었다.

　"열심히 살았는데, 정말 열심히 일했는데 이렇게 뒤통
수를 맞았어요."

　그의 '열심히'가 오히려 그를 불행으로 몰고 간 것 같았
다. 열성이 그를 삼킨 것이다. 본인도 자신에 대해 혼란스러워
했다. 나는 휴의 정신건강이 염려되었다. 자기 회의와 혼란 상
태는 정신적 위기이기 때문이다. 우울증이나 정신질환이 이때
발병한다.

　사람의 정신 통합을 유지시켜 주는 힘은 자기 확신이
다. 자기 주체성이 확실해야 사람은 추진력을 갖고 살 수 있
다. 인생 만사가 다 선택인데 선택의 주체가 애매해지면 혼란
에 빠진다. 자기 회의에 빠지면 어떤 선택도 결정도 내릴 수
없게 된다. 자신감도 없어지고 무력감에 빠진다. 만사가 귀찮
아지고 사람들이 두려워진다. 이는 정신적 위기이다. 나는 휴
에게 도움이 필요하다고 생각했다.

　휴는 대기업에 수석으로 합격한 유능한 직원이었고, 지
금의 사장은 그때 휴가 속한 사업부의 팀장이었다. 휴의 능력

을 눈여겨보던 팀장은 독립해 창업을 하면서 휴를 스카우트했다. 새 회사는 빠른 속도로 성장했고 그 중심에 휴가 있었다. 사장은 휴를 절대적으로 신임했고 휴는 최연소 이사가 되었다. 그 기대를 저버리지 않기 위해 휴는 수단과 방법을 가리지 않고 일에 매달렸다. 누군가 일을 제대로 하지 않는다 싶으면 윗사람이건 아랫사람이건 휴의 불같은 공격에 견뎌 낼 재간이 없었다.

"기업이 직원에게 기대하는 것은 '그 정도면 된다' 가 아니라, '최고' 의 실적이야."

처음에는 사장도 휴의 이런 역할을 은근히 즐기고 있었다. 앞에서 대신 채찍을 휘둘러 주니 사장에게 돌아올 불만도 모두 휴에게 돌아가고 있었던 것이다. 하지만 애써 뽑아 온 인재들이 하나둘씩 회사를 떠나겠다고 나섰다. 휴보다 내심 더 아끼는 인재가 있었는데, 급기야 그가 휴와는 더 이상 일을 못하겠다며 둘 중 하나를 선택하라고 했다. 사장은 이제 휴를 포기할 때가 되었다고 생각했다. 함께 일하는 사람들과 너무 많이 부딪히는 성격 때문에 더 이상 놔두기엔 위험한 인물이라 판단했다. 그래서 휴를 내보내기로 한 것이다.

휴를 처음 본 날 나는 왠지 그에게 호감이 갔다. 세련돼 보이는 외모와 태도 때문만은 아니었다. 그는 자신감 넘치는 말투로 얘기하고 있었지만 덩치 큰 아이와 싸우다 울며 들어온 아이 같아 보였다. 마음속에서 동정심이 일었다. 그를 도와주고 싶었다. 치료자의 이런 감정을 정신분석에서는 '역전이 (counter transference)'라 한다. 이런 감정은 환자를 이해하는 데 도움이 된다. 처음 만났을 때 내 안에서 이런 감정을 불러일으키는 사람은 대부분 치유 진행이 순조롭다. 그래서 상담을 시작할 때 예감이 좋았다.

휴는 현실적으로 장기간의 상담을 받을 형편이 못 되었다. 나는 우선 그의 말을 충분히 들어 주고 자기를 충분히 표현할 기회를 주기로 했다. 스스로 마음을 정리하고 이해하기를 바라는 마음이었다. 경청과 대화의 힘은 놀라운 것이다. 강력한 치유력을 갖고 있다. 나는 되도록 그의 편의에 맞춰 시간을 잡아 주었다. 휴 또한 초기부터 나에 대한 감정이 매우 긍정적이었다. 나를 만나는 느낌을 '평생 처음 느껴 보는 편안함'이라고 했다. 정신분석에서는 이런 현상을 '전이(transference)'라 한다. 자기 마음속에 있는 누군가를 의사에게서 보는 것이다. 휴는 나를 자신이 원하던 다정하고 이상적인 아버지로 보는 것 같았다. 이런 편안함이 치료에 도움이 되었다.

　　현대 정신분석에서 전이는 아주 중요한 역할을 한다. 전이는 무의식에서 그를 지배하는 인물을 보여 준다. 담당의사에게 아버지 전이가 생기면 자기도 모르게 의사에게 아버지를 '투사(projection)' 해 의사를 자기 아버지로 착각하고 아버지에게 느꼈던 감정을 느낀다. 프로이트는 무의식으로 가는 지름길을 꿈이라고 했다. 꿈은 꿈꾸는 사람의 속마음, 특히 마음의 소원을 아주 잘 보여 준다. 현대 정신분석에서는 전이를 무의식으로 가는 지름길이라고 한다. 전이는 무의식을 보여 줄 뿐만 아니라 대단히 강력한 힘도 갖고 있다. 증상을 일시에 제거하기도 하고 악화시키기도 한다. 휴가 마음의 감옥에서 풀려나와 자유를 얻을 수 있게 된 것은 이 전이를 통한 자신의 내면에 대한 깨달음 때문이었다. 휴의 신비로운 체험에 대한 이해와 독자의 무의식의 탐구를 돕기 위해 또 다른 전이를 통한 깨달음의 사례를 소개하고자 한다.

　　나에게 아버지 전이가 생긴 여선생의 사례다. 그녀는 우울증으로 인한 식욕부진과 불안증세로 나에게 정신치료를 받고 있었다. 여선생은 나에게 칭찬을 듣고 싶은 욕구가 강했고 나를 기분 좋게 해 주어야 맘이 편했다. 그녀는 상담시간의 대부분을 나를 칭송하는 말로 보냈다.

"교수님께 치료 받고 마음이 편안해졌어요. 이젠 불안하지도 않고요, 식사도 잘해요. 아이 아빠도 좋아해요. 정말 감사하고 있어요. 교수님처럼 훌륭한 분을 만난 것은 제 인생의 행운이에요."

그녀는 내가 쓴 책을 모두 사서 읽었다. 그리고 책상 위에 늘 내 책을 펴 놓았다. 내 책이 보이지 않으면 불안하다고 했다. 그런데 어느 날부터인가 태도가 바뀌었다. 상담시간을 칭송으로 보내던 그녀가 우울하며 짜증이 나고 불안하다고 호소했다. 자신은 못나고 초라한 사람이라고 했다. 이렇게 작고 나약한 자신이 싫다며 울기도 했다. 그녀의 증상이 악화되기 시작했다.

이런 갑작스런 태도 변화에는 반드시 이유가 있다. 나는 그녀에게 이유를 찾아보자고 제안하고 여러 이야기를 나눴다. 원인이 밝혀졌다. 선물 때문이었다. 명절 즈음 그녀는 내게 정성스럽게 포장한 선물을 가져왔다. 정신치료 중에 선물을 주거나 받는 것은 치료에 도움이 되지 않는다. 그래서 선물을 돌려주었다.

"마음은 고맙게 받겠습니다. 그러나 아시다시피 선물을 주고받는 것은 치료에 도움이 되지 않기 때문에 받지 않는 게 좋겠습니다."

이것이 발단이었다. 물론 그녀는 치료의 규칙을 알고 있었고 나의 의도도 충분히 이해했다. 그러나 그녀의 '마음속 아이(?)'는 거절당한 감정에 사로잡혔다. 나를 나쁘게 생각하지 않으려 해도 자꾸 나에게 섭섭하고 화가 났다. 버림받은 아이처럼 외롭고 서러웠다. 거절당한 자신이 못나 보이고 싫었던 것이다.

그녀는 나와 치료 중에 느낀 그 고통스러운 감정이 그녀에게 아주 익숙하고 오래된 감정이라며 놀라워했다. 유년기부터 아버지에게 느낀 감정과 같은 것이었다. 아버지는 멋진 분이었고 인기 있는 교수였다. 어린 그녀는 아버지가 좋았지만 아버지는 늘 바빴다. 접근할 수 없는 아버지의 관심을 끌기 위해서 그녀는 아버지를 기쁘게 해드려야 했다. 구두도 닦아 주고 순종하는 '착한 딸 역할'도 했다. 아버지가 쓴 책은 이해하기 어려웠지만 마구 읽었다. 아버지에게 접근하는 방법이었다. 아버지의 책은 단순히 책이 아니라 상징적인 아버지였다. 아버지의 책과 같이 있는 것은 심리적으로 아버지와 같이 있는 것이었다. 어느 날 오랜만에 귀가한 아버지가 그녀의 인사를 받는 둥 마는 둥하고 서재로 들어가 문을 닫아 버렸다. 어린 그녀는 버림받은 아이가 된 느낌이었다. 화나고 서럽고 외로웠다.

그녀는 유년기부터 지금까지 마음속에서 되풀이되고 있는 아버지와의 감정 경험을 나와 나누고 있었던 것이다. 나를 칭찬하고 내 기분을 맞춰 주고 나의 관심을 끌어 보려던 노력은 유년기에 아버지의 환심을 사려던 노력과 같은 것이었다. 내 책을 읽은 것도 아버지의 책을 읽은 것과 같은 동기였다. 나의 관심을 끄는 데 성공했다고 느꼈을 때 그녀의 모든 증상은 사라졌다. '전이 욕구(transference need)'의 만족이다. 전이 욕구의 만족이 이런 극적인 효과를 냈다.

그러나 내가 선물을 거절하자 전이 욕구는 좌절당했고 증상은 다시 악화되었다. 어릴 때 아버지의 서재 앞에서 느꼈던 감정을 다시 느낀 것이다. 나에게 느낀 감정은 그대로 무의식에서 아버지에게 느끼는 감정이었다. 그녀는 나에게 느낀 감정경험을 통해 자신의 무의식을 이해하게 되었다. 그리고 자신의 심리적 갈등에 대한 통찰력을 갖게 되었다. 자아의 관찰 기능이 강화된 것이다. 의식의 영역이 무의식의 세계까지 확장된 것으로, 이것이 치료 효과를 가져 오게 된다. 전이 경험을 통한 치료 효과이다.

나의 사랑을 받고 있다고 느꼈을 때 여선생의 모든 증상이 사라졌다. 정신분석 용어를 빌리면 '전이 치유(transference cure)'이다. 그러나 선물을 거절당하자 증상이 일시에 몰려왔다. 전이 만족에 의한 증상의 호전은 일시적인 현상이기 때문이다. 오히려 정신분석에 방해가 된다. 전이 만족이 유아기에 충족되지 않았던 욕구를 채워 주긴 하지만 무의식에 대한 탐구 의욕은 약화되기 때문이다.

근본적인 치료는 자신도 몰랐던 무의식적인 갈등에 대한 이해가 충분히 되었을 때 가능하다. 여선생이 나의 사랑을 받고 있다고 느꼈을 때 모든 증상이 사라진 것은 근본적인 갈등이 해소되었기 때문이 아니라 아버지에게서 받고 싶던 사랑을 나를 통해 받고 있다는 안도감 때문이었다. 그러나 여선생에겐 그 너머에 있는 자기의 무의식을 더 탐구해야 할 필요가 있었다.

때로 사람들은 자기의 무의식으로 떠나는 여행을 하고 싶어 하지 않는다. 두렵기 때문이다. 자기의 내면과 무의식의 세계는 정면으로 들여다보기 어렵고 힘든 세계이다. 어떤 사람들은 문제가 생겼을 때 자기분석을 하며 의식의 뒤쪽에 있는 무의식에까지 내려가기도 한다. 그러나 대부분 무의식의 문 앞에서 도망가고 싶어한다. 그러나 우리가 우리 안의 갈등을 해결하고 진정한 평안을 찾기 위해선 무의식의 탐구를 계속해야 한다. 왜냐하면 우리의 마음과 행동을 지배하는 것의 대부분이 무의식이기 때문이다.

휴에겐 며칠간 무슨 일이 있었을까?

휴는 비교적 소상하게 자기 이야기를 털어놓았다. 휴가 임신된 것을 알자 아버지는 어머니에게 휴를 지우라고 했다. 한 아이만 잘 키우겠다며 둘째 아들을 낳지 않으려 했던 것이다. 어머니와 할머니의 간곡한 설득으로 아버지는 마지못해 승낙은 했으나, 어머니는 휴를 낳을 때까지 할머니 댁에 피신하다시피 지내야 했다. 휴가 태어난 후 아버지는 자신을 닮은 형을 편애했고 휴를 별로 귀여워하지 않았다.

　"저는 엄격한 아버지 밑에서 자란 둘째 아들이에요. 아버지는 형을 많이 예뻐하셨죠. 여섯 살 때쯤 할머니가 제게 그러셨어요. '에그, 세상 구경도 못할 뻔했는데 어느새 이렇게 컸구나' 라고요."

　자신의 출생 이야기를 전해 들은 휴는 그래서 아버지가 형을 편애한다고 생각했다. 전근이 잦았던 아버지는 휴를 할머니 집에 맡겨 두고 형만 데리고 살았고 해외근무 때도 형만 데리고 갔었다. 어려서부터 그는 이별 불안에 시달렸다. 휴는 아버지에게 버림받고 싶지 않아 잘 보이기 위해 무척 애를 썼다. 형보다 더 나은 사람이 되는 것이 아버지의 애정을 얻는 길이라 생각했다. 그래서 공부에 매달려 초 · 중 · 고 모두 수석을 놓치지 않았다. 형은 아버지가 반대한 결혼을 함으로써 최초로 아버지의 분노를 샀다. 형은 그 길로 이민을 떠났다. 그때 휴는 형이 떠난다는 섭섭함보다 적이 사라지는 것 같은 후련한 기분을 느꼈다.

　"저는 아버지가 원하는 여자를 선택했어요. 제가 좋아하는 여자가 있었지만 포기했지요. 다행히 아버지가 선택한 여자도 싫지는 않았어요."

　대기업에서 지금의 직장으로 옮겨 올 때도 휴는 아버지

에게 허락을 얻었다. 휴는 나를 만나면서 지나치게 나의 비위를 맞추려 했고 나를 두려워했다. 아버지에 대한 감정을 나에게 옮긴 것이다. 약속시간을 어긴 적이 없었고 항상 최대한 예의바른 태도를 보였으며 자신의 실력과 능력을 모두 인정받고 싶어했다. 그렇게 만나던 가운데 한 가지 인상적인 사건이 일어났다. 휴에겐 힘든 사건이었지만, 큰 수확이 있었다.

어느 날 휴가 만나고 싶다는 전화를 해 왔다. 나는 개인적인 사정으로 휴가를 내게 돼 며칠간 만나지 못할 것 같다고 말했다. 정신치료를 할 때는 치료자의 신상에 대해서 말해 주지 않는 것이 보통이다. 그래서 자세한 이야기는 해 주지 않았다. 치료자에 대해서 모를수록 치료에는 도움이 되기 때문이다. 치료자를 많이 알게 되면 사적인 관계로 흐를 위험이 높다. 치료자와 공식적인 관계일 때 자신을 노출하기가 쉬워지고 그래야 치료가 일어난다. 앞서 이야기한 대로 전이가 생겨야 전이를 통해서 사람들이 자기 무의식을 볼 수 있는데 정신분석을 받는 사람이 치료자에 대해서 너무 많이 알면 전이가 일어날 수 없다.

정신치료자와 개인적인 친분 없는 사이일 때 사람들은 자신의 내면적 인물을 치료자에게 투사할 수 있고 그때 전이가 생긴다. 치료자가 너무 분명하면 투사할 수가 없다. 그래서 정신분석적 정신치료는 친한 사람에게는 받을 수 없다. 오빠의 친구라든지, 남편의 동창생이라든지, 동아리 선배에게 정신분석적 치료를 받을 수 없는 이유가 여기에 있다.

나와 통화를 하고 난 후 휴는 마음이 복잡해졌다. 엉뚱한 상상이 그를 괴롭히기 시작했다.

'만날 수 없다고? 전엔 그런 일이 없었는데, 언제나 만나 주었는데. 사정이 있다고? 사정은 무슨 사정. 그래, 만나기 싫어서 피하는 거야. 왜 내가 싫어진 거지? 이제 지겨워졌나? 어떻게 의사가 환자를 피할 수가 있어? 그게 무슨 의사야! 왜 피하냐고?'

휴는 속상하고 화가 치밀었다. 오만가지 생각들이 끓어올랐다. 그러더니 온몸에 맥이 풀리고, 아무 일도 할 수 없었다. 잘난 줄만 알았던 자신이 한없이 무능하고 한심한 사람으로 여겨졌다. 최근 석 달여를 그렇게 의지했던 내가 자신을 만나 주지 않겠다고 하니 큰 기둥을 잃은 듯했다. 휴도 휴가를 냈다.

'당신이 나를 버리고 즐기러 간다고요? 그래 보세요. 나도 휴가 갈 수 있다고요. 나라고 휴가를 즐기지 못할 줄 아세요?'

그리고 제주도로 날아갔다. 휴는 일류호텔에 묵으며 골프도 치고 쇼핑도 해 보았으나 아무런 재미가 없었다. 며칠을 두문불출하고 침대에서 뒹굴며 지냈다. 집에 돌아와서도 이해할 수 없는 불안과 짜증, 불면에 시달렸다. 그러다 잠깐 잠이 들면 휴는 꿈속에서 슬프게 울고 있는 남자아이를 만났다. 아이는 자꾸만 꿈에 나타났다. 누굴까? 잠잠해지는 것 같던 설사증세도 다시 그를 괴롭혔다. 식욕도 사라졌다. 식사를 못 해서인지 기운이 쭉 빠지면서 이상한 광경이 뇌리에 떠올랐다. 휴가 중 내가 탄 배가 뒤집히고 내가 물에 빠져 필사적으로 허우적거리는 모습이 나타났다. 고개를 흔들어 생각을 쫓아 버렸다. 그래도 자꾸만 나쁜 생각이 떠올랐다.

'박사님한테 무슨 불길한 일이 생긴 것 같아. 그래, 목소리가 좋지 않았어. 휴가 떠나는 사람의 목소리가 아니었어. 뭔가 불안한 일이 있는 것 같은 느낌도 들었어. 그런 적이 없었는데. 혹시 몹쓸 병에라도 걸리신 걸까?'

그러다가 휴는 자신이 상상 속에서 나를 죽이는 상황으로 몰아가고 있다는 것을 깨닫고 자신의 그런 잔인한 상상에 흠칫 놀랐다.

'죽으면 어떡하지? 돌아와야 하는데…. 박사가 없으면 난 누굴 만나지?'

불안해진 휴는 나에게 전화를 했다. 나의 생존을 확인하고 싶어서. 나는 전화를 받았고, 짧은 대화를 나눴다. 그제야 휴는 안심하며 내가 살아 있어 줘서 다행이라고 생각했다.

월요일 진료시간에 휴가 초췌한 모습으로 들어섰다. 그는 나에게 눈길도 주지 않았다. 입엔 자물쇠를 채운 듯했다. 한참 동안 침묵이 흘렀다. 상담 중에 흐르는 침묵은 당사자가 저항에 부딪쳐 있다는 것을 보여 줄 때가 많다. 나는 휴가 화가 나 있다는 것을 알 수 있었다. 그런 상황에서 나는 보통 "지금 무슨 생각을 하고 계신지 말씀해 주시겠습니까?"라고 질문을 해 당사자가 자기 내면세계를 돌아보도록 한다. 그러나 그날 나는 평소와 달리 내가 그를 만날 수 없었던 사정을 설명해 주었다. 사과도 했다.

"며칠 전엔 미안했어요. 집사람이 갑자기 쓰러져서 입

원하는 바람에 바빴거든요. 그땐 너무 급한 상황이어서 길게 설명할 수도 없었어요."

"아, 그런 일이 있으셨군요."
휴의 얼굴이 환해졌다. 나는 그에게 넌지시 말을 건넸다.

"김 이사, 지난 며칠 동안 김 이사의 감정이 예사롭지 않았지요?"

휴는 지난 며칠간의 자기감정을 되돌아보는 듯했다. 휴는 나의 죽음을 상상했다. 그의 상상은 자기를 버리고 형만 데리고 다녔던 아버지가 죽기를 바라는 아이의 마음이었다. 이런 현상은 휴처럼 억압된 분노를 가진 사람에게서는 흔히 나타나는 판타지다. 흥미로웠던 것은 내가 휴가를 떠나자 휴도 휴가를 떠난 것이다. 이렇게 내가 휴가 갔을 때 자기도 휴가를 떠나는 일은 정신치료를 받는 이들에게서 흔히 일어나는 현상이다. 이는 하나의 분리불안 반응이다. 내 휴가 기간 동안 나에게 버림받았다고 느끼는 사람들의 반응이다. 내가 휴가를 떠나면 어떤 사람들은 자기를 버리고 휴가를 떠난 내가 죽기를 바란다. 하나의 전이 소원이다.

이성적으로는 말도 안 되는 소원이지만 무의식에서는

이런 소원이 일어난다. 그런 마음의 소원이 여러 가지 죽음과 관련된 판타지를 만든다. 그러나 다른 한편에서는 나의 건강을 염려하며 살아서 돌아와 주기를 바란다. 휴의 마음도 그랬다. 합리적인 어른의 세계에서는 이런 판타지가 불합리해 보일 것이다. 그러나 휴의 경험은 부정할 수 없는 생생한 것이었다. 내 휴가 기간에 불안과 무기력증에 시달리던 휴의 모습은 보호자를 잃은 아이의 모습이었다.

휴가 때문에 치료를 쉬게 되어 치료자를 만날 수 없을 때 사람들은 흔히 이런 무기력증을 경험한다. 한 여성은 휴가 전 마지막 상담을 마치고 내 방을 나서는 순간 온몸에 기운이 빠져 걸을 수가 없었다고 했다. 겨우 병원 정원에 있는 분수대 앞까지는 갔으나, 거기서 30분 이상을 앉아 있어야 했다. 아무리 생각해도 그렇게 기운이 빠질 이유가 없었다. 나를 만날 수 없게 된 것이 원인이었다. 분리불안 반응이었다.

휴도 같은 경험을 했다. 이성적으로는 그럴 이유가 없는데도 마음 깊은 곳에 있는 아이가 사랑하는 아버지를 잃는 두려움에 빠져 있었다.

'이제 아버지를 볼 수 없겠구나. 그럼 나는 이제부터 어떻게 살지?

　　이것이 엄연한 휴의 '심리적 현실(psychic reality)'이었다. '실제 현실(actual reality)'에서 휴는 다 큰 어른이고 의사는 단순히 휴가를 떠난 것이지만 심리적 현실은 그게 아니었다. 어린아이가 어둠 속에 혼자 버려진 것과 같았다. 그리고 그를 버린 아버지에게 화가 났다. 그러나 표현할 수 없는 분노였다. 분노를 표현하면 아버지는 휴를 미워하고 아주 등을 돌리거나 반격할 것이다. 보복이 두려워서 화낼 엄두도 못 냈다. 다만 공상으로 화를 내 볼 뿐이었다.

　　오늘 상담시간에 휴는 나에게 화가 났던 것이 풀렸다. 그리고 지난 며칠간의 감정 경험이 이해되었다. 그 경험이 나에 대한 자신의 감정의 근원을 이해하는 계기가 되었다. 화가 풀린 휴는 지난날의 자기 모습을 바라보기 시작했다. 자기 마음속에 감당키 어려운 적개심을 가진, 질투로 성난 아이가 있다는 것을 실감했다. 상처받고 외로워서 두려움에 떠는 아이, 바로 자신이 꿈에 본 아이를.

　　휴는 형만을 편애하던 아버지를 원망하며 살아왔다. 무의식에서 휴는 늘 이렇게 말하고 있었다.

"아버지, 나도 형보다 잘할 수 있어요."

정말 인정받고 싶었다. 그래야 살 수 있을 것 같았다. 그래서 그는 무슨 수를 써서라도 성공해야 했고, 자신은 물론 함께 일하는 동료 직원들을 닦달할 수밖에 없었다. 공부벌레, 일벌레가 될 수밖에 없었던 것이다.

'성공하지 못하면 끝이다. 아버지는 나를 외면할 것이다.'

휴는 실패와 외면 이후에 닥쳐올 심리적 현실이 몹시 두려웠다. 그러나 실제 현실은 달랐다. 이제 그럴 필요가 없어졌다. 아버지는 이미 늙었고 아버지의 인정을 받을 필요도 없어졌다. 자신은 이미 유능한 사람이 되어 있었다. 오히려 노쇠한 아버지가 안쓰러울 때도 있었다.

최근에는 아버지가 작아지는 꿈도 꿨다. 장소는 아버지 집의 거실이었다. 아버지의 소파에 작은 강아지가 앉아 있었다. 그런데 강아지가 점점 커지기 시작했다. 소파는 강아지에게 눌리며 상대적으로 점점 작아졌다. 마침내 강아지는 거대한 황소처럼 커졌고 소파는 납작하게 찌그러졌다. 꿈속에 본 강아지는 휴였다. 아버지는 휴를 '강아지'라고 부를 때도 있었다. 아버지의 소파는 아버지를 상징했다.

휴는 무의식에서 자기가 커지면 상대적으로 아버지는 작아진다고 생각하고 있었다. 그는 무의식에서 자기가 성장하는 것은 아버지를 파괴하는 것으로 해석하고 있었다. 합리적인 생각은 아니지만 무의식에서는 그렇게 믿고 있었다. 그건 죄송한 일이었다. 그리고 두려운 일이었다. 그래서 그는 더욱 아버지를 강하고 무서운 대상으로 보고 유지할 필요가 있었다.

현실의 아버지는 이제 더 이상 무서운 대상이 아니다. 그럼에도 불구하고 마음속의 아버지는 습관처럼 그를 채찍질하고 있었다. 무의식 속에서 자신도 모르게 말이다. 휴는 휴가 사건을 통해 이렇게 자기의 행동과 대인관계의 특징을 이해하게 되었다. 30여 년 동안 자기 마음속에서 자기를 지배했던 아이의 감정을 분명히 보았다.

나와 만나는 동안에 특히, 만남을 거절당한 지난 며칠 동안 몰려온 감정의 폭풍 속에서 그는 그렇게 마음속의 아이를 발견한 것이다. 그리고 아이를 발견하는 그 순간 그 아이로부터 해방된 것이다. 그날 밤부터 휴는 달라진 자신을 느꼈다. 오랜만에 아내와 뜨거운 사랑을 나누었다. 그리고 무엇보다 편안하고 깊은 잠에 빠질 수 있었다.

휴가 달라졌다

푸른 하늘이 눈부시게 느껴지던 아침, 일찌감치 출근한 휴는 부하직원들이 올린 사업보고서를 훑어보고 있었다. 직원들은 벌써부터 긴장을 하고 있었다. "이걸 보고서라고 제출했어?" 하고 곧 불호령이 떨어질 거라 예단하고 있었기 때문이다.

휴가 차분한 목소리로 보고서를 쓴 이 과장을 불렀다. "나라면 이렇게 바꾸어 보겠는데 어떻게 생각해?" 하며 휴는 문제가 되는 부분을 하나씩 친절하게 지적하면서 이 과장의 의견을 물었다. 그때 지각한 박 대리가 고개를 조아리고 들어와 자리에 앉았다.

"박 대리, 어제 찐하게 술 좀 했나봐. 얼굴이 푸석한데, 해장이나 하고 오지 그래?"

휴가 따뜻하게 말을 건넸다. 예전의 휴 같으면 어림도 없는 일이었다. "그래가지고 먹고 살겠어?" 하며 간담이 서늘할 정도로 냉혹한 표정을 지으며 사람을 낭떠러지로 밀어내는 말투가 그의 것이었다. 휴 자신도 이런 자신의 변화가 낯설고 어색했다. 하지만 휴는 달라지고 싶었다. 그래서 노력하고 있는 거였다. 직원들이 고개를 갸우뚱거리며 수군거리는 눈치였다.

"뭘 잘못 먹었나?"

"왜 저래?"

"뭐 기분 좋은 일 있나?"

휴도 직원들의 이런 반응을 눈치 챘다. 그래서 슬슬 눈치를 보는 그들에게 어색한 웃음을 던졌다. 그리곤 속으로 "이제부터 달라져 볼게"라고 얘기했다.

휴는 메신저로 사장에게 말을 걸었다.

"오늘 저녁에 술 한 잔 사 주시겠어요? 드릴 말씀이 있어서요."

사장은 그러자고 했다. 그날 저녁 휴는 사장과 함께 일한 지 십 년 만에 마음을 털어놓고 자신의 얘기를 했다. 지금까지는 자신을 화나게 한 사람들에게 문제가 있다고 생각해왔는데, 실은 자신이 문제였다는 것을 알게 되었다고 했다. 설사가 멈추지 않아 정신과 의사를 만났던 얘기를 하며, 늘 마음에 쫓김을 가지고 살았는데 이제 그 원인을 알게 됐고 그래서 많이 자유로워졌다고 했다. 그리고 그간의 잘못을 인정하고 사과하면서 사직서를 내밀었다.

"사장님이 저에게 요구하신 사직서가 제겐 오히려 새로운 삶을 열어 주었어요. 저를 움직여 왔던 힘이 무엇이었는지를 알았거든요. 그것이 저를 이 자리에 이르게 했지만 또 이 자리에서 물러나게도 했지요. 늘 무엇엔가 쫓기는 느낌으로 살았는데 이제 그 쫓김에서 놓여난 것 같습니다. 비로소 마음의 자유와 휴식을 찾게 되었어요. 제 인생에 정말 소중한 게 무엇인지 깨달을 수 있는 기회를 주셔서 감사합니다."

사장은 오늘 휴의 행동에 내심 놀라는 눈치였다. 갑자기 술 한 잔 어쩌고 해서 권고사직 건으로 항의와 원망을 할 줄 알았는데, 또 그동안 뼈 빠지게 일한 대가가 이거냐며 한바

탕 난리를 칠 거라 생각했는데, 그게 아니었다. 그렇다고 회사에 남기 위한 '쇼' 도 아니었다.

"자네와 함께 일한 지 십 년여 동안 이런 진솔한 모습을 보는 건 처음이군. 사실 자네는 인간관계에 문제가 많다는 것만 빼면 내보내긴 아까운 인재야. 다시 한 번 기회를 주고 싶네."

이렇게 말하고 나서 사장은 사직서를 찢어 버렸다. 그리곤 휴의 손을 꽉 쥐어 주었다. 사장은 자기도 때론 어른답지 못할 때가 있었다는 것을 인정했다. "이제 다시 잘해 보세" 하면서 건배를 청했다. 휴가 마셔 본 지상 최고의 술맛이었다. 술에 취한 두 사람은 사장과 임원이 아니라 형과 아우로 호칭을 바꿔 부르고 있었다. 휴는 처음으로 가슴에서 우러나오는 목소리로 '형님' 이라고 불러 보았다.

이렇게 휴는 놀랍게 변했다. 휴가 표현했듯이 '신비로운 체험' 을 가져 온 묘약은 자기 안의 현실, 즉 마음속의 아이를 발견한 것이었다. 그럼으로써 무의식에 숨어 있었던 어릴 적 분노와 두려움으로부터 해방된 것이다. 자기가 끌어안고 살았던 심리적 현실에서 깨어나 실제의 현실로 돌아올 수 있었던 것은 휴 자신이었다. 거기에 다시는 심리적 현실로 돌아가지 않겠다는 휴의 의지와 노력이 더해지면서 휴는 새로운 모습으로 변하고 있는 것이다.

동화에서 찾아볼 또 다른 휴…
『크리스마스 캐럴』의 스크루지

온 세상 사람들이 사랑의 선물을 주고받는 크리스마스. 욕심쟁이 스크루지에게는 빌려 준 돈을 거두어들이는 수금 날일 뿐이다. 크리스마스 이브인데도 스크루지 영감은 직원 봅에게 일을 시킨다. 조카인 프레드가 크리스마스를 함께하자고 청하지만 냉담하게 거절한다.

그날 밤 홀로 잠든 스크루지는 꿈속에서 유령을 만나 과거, 현재, 미래로 가는 시간여행을 시작한다. 과거의 유령은 스크루지를 어린 시절 학교 가장무도회가 열리던 곳으로 데려간다. 거기서 사랑하는 여인 벨을 버리고 돈에 집착하기 시작하는 과거의 스크루지를 보여 준다.

추억에 젖어 옛날을 회상하던 스크루지는 현재의 유

령을 만나 직원 봅의 집을 찾아간다. 거기서 조촐한 식사를 함께 나누며 행복해 하는 봅의 단란한 가족을 본다. 조카인 프레드의 집에 가서는 프레드와 약혼녀 에밀리의 사랑을 통해 과거 자신과 벨의 순수했던 사랑을 회상한다. 미래의 유령은 아무도 찾지 않는 쓸쓸한 스크루지의 무덤을 보여 준다. 그곳에서 스크루지는 절망하게 되지만, 사랑했던 여인 벨과의 재회를 통해 잃어버렸던 소중한 사랑을 마음속에 되찾는다.

　　　　사랑하는 마음으로 세상을 보게 된 스크루지는 그동안 탐욕스럽게 살아온 자신의 잘못을 뉘우친다. 성탄절 아침, 눈을 뜬 스크루지는 이렇게 생각한다. '어제와 다름없는 아침인데 내 마음은 왜 이렇게 가벼울까? 왜 이렇게 새털처럼 가볍고 명랑할까?' 욕심쟁이 스크루지는 평생을 철들지 못한 채 이기적으로 살아온 사람이다. 그런데 크리스마스 이브에 꾼 꿈속에서 유령의 도움으로 어린 시절의 상처를 치유하고 자신의 잘못을 뉘우친다. 그러자 마음이 새털처럼 가벼워진다. 새사람이 된 것이다. 어떻게 사람이 하룻밤만에 꿈 하나로 저렇게 달라질 수 있을까? 동화니까 픽션이니까 가능한 것일까? 그렇지 않다. 현실에서도 얼마든지 가능한 일이다.

휴에게 찾아온 여섯 가지
변화

휴는 그 주옥같은 며칠 이후 다른 사람이 되어 있었다. '어떻게 사람이 그렇게 쉽게 다른 사람이 될 수 있을까?' 라고 의문을 가질 수도 있을 것이다. 하지만 정신분석을 하다 보면 그런 휴를 자주 볼 수 있다. 휴처럼 심리적 현실 속의 아이를 발견하는 것만으로도 상당한 정도의 치유가 일어난다. 억지로 변화시키려는 노력 없이 그저 이해하는 것만으로도 변화가 일어나는 것이다. 때로 시간이 걸리는 사람도 있다. 하지만 휴처럼, 그리고 동화 속 스크루지 영감처럼 변화가 참으로 '신비롭게' 찾아 오는 사람도 있다. 마치 긴 악몽에서 막 깨어난 사람처럼 전혀 다른 사람이 되어 새로운 삶을 시작하는 것이다.

나 자신도 350여 시간 개인 정신분석을 받았다. 런던과 샌디에이고에서 받은 이 분석 경험은 소중한 것이었다. 실제로 분석을 받아 본 사람들은 자신들의 분석 효과에 대해서 논리적으로 설명하기 어렵다고 말한다. 수년씩 걸리는 장기간의 치료인데다 무의식에서 은밀하게 일어나는 변화이기 때문에 간단한 언어로 설명하기 어려운 것이다. 차라리 휴의 경우처럼 짧은 시간에 일어나는 극적인 변화는 오히려 설명하기가 쉽다. 그러나 치료 기간에 관계없이 분석을 받은 사람들이 인정하는 몇 가지 공통적인 경험이 있다. 휴의 경우를 예로 살펴보자.

나를 의식하지 않게 됐다

정신분석을 받은 환자들이 가장 많이 느끼는 감정이 바로, '자유로워졌다'는 것이다. 우선 남의 시선으로부터 자유로워진다. 물론 완벽하게 자유로울 수는 없지만 분석 치료를 받다 보면 어느 순간부터 남의 시선이나 평가에 덜 구애받는 자신을 발견한다. 휴는 어느 날 직장 동료와 대화하다가 문득 자기가 자신을 거의 의식하지 않으면서 대화하고 있다는 것을 발견했다. 전에는 '저 친구가 나를 어떻게 생각할까, 비난하지 않을까, 무시하지 않을까, 내 말이 지루하지 않을까?' 하고 끊임없이 자신의 모습을 의식하며 대화를 했다. 그래서 대화가 쉬 피곤해졌다. 그러나 그날은 달랐다.

"동료와 대화하면서도 제가 '저를 빼고' 그냥 대화에 열중하고 있었어요. 참 기분 좋은 경험이었어요."

나도 휴의 말을 듣고 내색은 할 수 없었지만 기뻤다. 자기를 빼고 대화에만 열중할 수 있다는 것은 자유로워진 것이다. 상대의 평가로부터 자유로워지고, 비난에 대한 두려움으로부터 자유로워진 것이다. 사람은 인정해 달라고 애걸하는 심정으로부터 자유로워지고 버림받는 두려움으로부터 자유로워질 때 대화 중에 자기를 뺄 수 있다. 그가 '저를 빼고'라고 말한 시점은 "마치 안개가 걷히듯 제가 이해되네요"라고 한 그 무렵이었다. 자신의 무의식이 이해가 되고 자유로워지면 자기를 빼고 상황에 열중할 수 있게 된다. 자유, 얼마나 매력적이고 그리운 언어인가.

지난날의 휴에게는 아버지에게서 받은 편애의 상처가 무의식에 남아 있었다. 그는 아버지의 인정과 지지에 굶주린 사람이었다. 그래서 남들로부터 사랑받고, 칭찬받고, 대우받고, 인정받고, 인기를 얻으려고 발버둥치던 사람이었다. 내가 아니라 남의 기준으로 사는 사람이었다. 가정에서는 아버지에게, 학교에서는 선생님과 친구들에게, 사회에 나가서는 상사와 부하직원에게 애정과 인정을 받기 위해 공부벌레, 일벌레가 되었다. 자기 스스로 자기의 삶을 즐길 수 없었다. 그의 인생의 키를 남들이 잡고 있었다.

　　휴는 감옥에 갇혀 있었다. 박수 감옥, 인정 감옥, 비난 감옥에 갇혀 살았다. 휴가(休暇) 한번 마음 놓고 가 보지 못했고, 아이가 벌써 여섯 살이 되었지만 거의 안아 준 적이 없었다. 도무지 너무 바빠서 아이와 함께할 시간이 없었다. 부인에게도 마찬가지였다. 사랑을 나누는 것도 일처럼 했다. 속된 표현을 빌리자면 '의무방어전'이었다. 부인에게 점수 따기였다. 부인의 비난을 피하기 위한 행위였다. 심지어 정신과 의사인 나에게까지도 잘 보이고 인정받으려 했다.

　　그러나 이제 상황이 변했다. 휴는 자신을 가두고 있는

심리적 감옥을 발견했다. 그리고 그 심리적 감옥에서 걸어 나왔다. 심리적 감옥은 허상이기 때문에 발견하고 걸어 나오면 된다. 그러면 인정받지 못할까 봐 초조해 할 필요가 없고, 비난받을까 봐 걱정할 필요도, 버림받을까 봐 걱정할 필요도 없다. 남의 평가, 즉 내면의 아버지의 평가에 의지해서 사는 인생에서 자기의 판단으로 사는 인생으로 변한다. 자기 인생의 주인이 되는 것이다. 그러나 자신의 심리적 현실을 발견하지 못한 사람은 자신도 모르게 감옥 생활을 계속한다. 죽을 때까지 감옥에서 벗어나지 못할 수도 있다.

휴는 자유로워졌다. 물론 휴의 인생의 문제들이 다 해결된 것은 아니다. 다만 그는 정당한 현실의 무게를 인정할 수 있게 되었다. 이제는 과장할 필요도 없고 그렇다고 과소평가하지도 않는다. 굳이 피해 가지도 않는다. 현실의 무게를 인정하고 과장하거나 회피하지 않는 태도, 여기에 자유로움의 근원이 있다.

몸이 가볍다

휴는 이제 피곤을 덜 느낀다고 했다. 몸이 가볍고 아침
에 일어나기도 쉬워졌다고 했다. 식욕도 좋아졌고 무엇보다도
설사가 잡혔다. 알고 보니 휴가 앓던 설사병의 원인은 분노였
다. 형만 사랑하던 아버지에 대한 분노를 휴는 자신이 다니는
회사의 사장에게 투사했다. 자신이 그토록 열심히 일해 주었
는데 사장은 자신에게 사직을 권고했다. 그는 어린 시절 아버
지에게서 느꼈던 분노를 사장에게 느끼고 있었다.

분노는 자율신경을 긴장시킨다. 이 긴장은 다양한 증상
으로 나타난다. 어떤 사람은 위염으로 나타나고 어떤 사람은
가슴의 통증으로 나타난다. 휴는 장(腸)의 이상으로 나타나 설
사를 했다. 긴장성 대장염이었다. 이런 스트레스에 의한 설사
는 내과적 치료로는 낫기 어렵다. 지사제를 쓰면 일시적으로
설사가 잡히지만 자극을 받으면 재발한다.

설사로 고생하던 젊은 부인이 있었다. 그녀의 주증상은
복통과 설사였다. 내과적 치료에도 불구하고 반응이 없었다.
하여 내과에서 나에게 의뢰했다. 특이한 점은 그녀의 증상이
토요일 오후만 되면 더 심해지는 거였다. 부인은 어느 토요일

오후 남편이 자신의 친구와 데이트하는 것을 목격했다. 하늘이 무너져 내리는 것 같았다. 실망과 분노로 몸을 가누지 못할 지경이 되었다. 그날 밤 심한 복통과 설사로 응급실에 실려 왔다. 남편은 용서를 빌었다. 그후 부인은 마음을 고쳐먹고 남편을 용서하려고 노력했다. 그러나 토요일 오후 남편이 귀가할 시간만 되면 심한 설사를 했다. 또 동창회에 나가서 그 친구를 만나게 되자 갑자기 복통이 일었고, 밤새 화장실을 들락거렸다. 부인은 자신의 병이 정신적인 아픔과 관계가 있다는 것을 깨달았고 마음을 정리한 후 호전되었다.

인간의 몸과 마음은 떼어서 생각할 수 없다. 마음이 아플 때 그 아픔이 적절히 처리되지 않으면 몸도 함께 고통을 받게 된다. 그래서 영국의 의사 핸리 모즐리는 "눈물로 씻겨지지 않은 슬픔은 몸을 울게 만든다"고 했다. 특히 분노는 심한 마음의 통증을 일으키고 몸의 질병으로 나타난다.

휴는 이제 분노를 처리했다. 정신 치료로 마음의 병을 다스리고 나니 자연히 육체의 병도 다스려졌다. 그래서 몸이 건강해졌다. 밥맛도 좋아지고 의욕도 생기고 살맛도 났다.

너그러워졌다

어제의 휴는 좌충우돌 트러블 메이커였다. 주변 사람들에게 버림받지 않으려고 또는 박수를 받으려고 늘 모범적으로 행동했다. 하지만 시시때때로 나타나는 걷잡을 수 없는 분노 때문에 잘 나가던 인간관계도 망치기 일쑤였다. 거래처 사람들이나 도움이 될 만한 사람들에게는 처세술의 대가라 불릴 정도로 곰살맞게 굴었다. 그런데 문제는 함께 일하는 동료들에 대한 태도였다. 불만이 많았고 걸핏하면 거칠게 화를 냈다. 화를 내 놓고는 후회할 때도 많았다.

'이렇게까지 화를 낼 필요는 없었는데 내가 왜 이러지?' 휴가 이렇게 화를 낸 진짜 이유는 아버지와 형에 대한 분노 때문이었다. 무의식에 숨어 있던 분노가 동료들에게 이동하여 터져 나온 것이었다. 또한 업무능력이 뛰어나고 자기 말을 잘 듣는 부하직원들은 눈에 띄게 편애했다. 그러나 자기를 무시하는 듯한 눈치가 보이면 가혹할 정도로 적대시했다. 이것도 아버지의 태도를 모방한 것이었다. 아버지는 유능한 형을 편애했고 휴를 무시했다. 유년기 경험이 회사에서 반복되고 있었다. 따뜻한 구석이 전혀 없는 휴를 믿고 따르는 부하는 없었다. 그래서 휴는 늘 외로웠다. 외로울 때 함께할 만한 동기나 선배도 없었다. 자신이 마음을 열지 않으니 동료들도 늘 그에게 인색했다.

사장에게 다시 복직 제의를 받은 휴는 회사 생활을 새롭게 시작해 보기로 결심했다. 그는 회사의 '피스 메이커(peace maker)'가 되기로 했다. 문제를 만들던 어제의 자신을 경험하고 나서인지 다른 이들의 문제가 잘 보였다. 그래서 그들에게 적절한 조언을 해 주었다. 남을 함부로 비판하지 않고 그의 입장에 서서 배려할 줄 아는 마음도 생겼다. 직원들과도 자주 어울렸다. 휴의 이런 변화에 아직 적응이 안 된 직원들 사이에서 사람이 바뀌어도 너무 바뀌었다며 혹 정신병에 걸린 게 아니냐는 말이 돈다는 얘기를 들었을 때도 발끈하지 않았다. 너그럽게 웃어 넘겼다. 이런 휴를 보며 사장과 임원들은 "저 친구 철들었다"고 했다.

일을 즐기게 됐다

공부벌레, 일벌레였던 휴의 벌레 근성은 열정의 탈을 쓴 집착에서 온 것이었다. '내가 이렇게 실력 있는데도 날 버려? 어림없지' 하면서 타인의 인정에 집착했다. 공부와 일에서 얻는 성취감으로 마음속 깊은 곳에 숨어 있는 열등감을 극복하려 했다. 성취감을 얻는 순간 그것을 잃을까 봐 불안했고, 잃으면 비참해질 거라는 시커먼 두려움이 밀려왔다. 공부나 일이라면 식은 죽 먹듯이 척척 해내면서도 늘 식은땀이 흐르고 힘겹고 괴로웠다. 어떤 일도 마다하지 않다 보니 야근과 철야를 밥 먹듯이 했다. 일 자체보다는 결과에 매달려 불안하고 초조한 마음으로 쫓겨 가며 일했다. 그렇게 일에 지쳐 갔다.

오늘의 휴는 뜨거운 땀을 흘리며 일을 즐긴다는 것이 무엇인지를 알게 되었다. 집착과 열정을 구분할 줄 알게 되었다. 자신에게 무리한 일이 맡겨질 때는 기분 나쁘지 않게 거절하는 여유도 생겼다. 이제는 일이 힘들거나 몸의 상태가 나쁠 땐 내일을 위해 좀 쉬어 가는 지혜도 생겼다. 그러다 보니 좋아하는 일을 더 열심히, 더 알차게, 더 활기차게 할 수 있었다. 철야를 하지 않아도 철야를 할 때보다 일의 속도도 빨라졌다. 일을 즐기며 하다 보니 성과도 훨씬 좋아졌다.

편해진 인간관계

정신분석을 받는 사람들이 느끼는 변화 가운데 하나는 인간관계가 편해진다는 것이다. 누구하고 같이 있어도 긴장되지 않고 편하다는 것이다. 대인관계의 긴장감을 피하기 위해서 바쁜 일을 만들고 수다를 떠는 사람도 있다. '친밀한 관계(intimate relationship)'가 부담스러운 것이다. 이런 사람은 마음속으로 상대방이 요구하는 소리를 듣는다. 기대를 충족시켜 주어야 할 것 같아서, 혹 실망시킬 수도 있을 것만 같아서 긴장한다. 아내와 자식마저도 가까이 지낼 수가 없다.

휴는 자기가 아주 훌륭한 남편인 줄 알았다고 했다. 잘생기고 지적이고 돈도 잘 벌어다 주는 성실하고 완벽한 남편이라고 생각했다. 다만 아내와 함께하는 시간이 부족한 것이 미안했지만 그거야 일 때문이니까 이해해야 된다고 생각했다. 그러나 그는 아내와 한가하게 같이 있는 시간이 두려웠다는 것을 알게 되었다. '일이 바빠서'는 하나의 핑계였다. 실은 아내와 가까워지는 것을 피하고 있었다.

휴는 어떤 사람이든 부담스러웠다. 그들은 자기에게 무언가를 요구하는 대상이고 그는 그 요구를 충족시켜 줘야 한다고 생각하고 있었다. '아무렇지도 않게 편한 관계' 란 없었다. 사랑스럽고 어린 딸마저도 편치 않았다. 그나마 아이는 아빠의 얼굴을 볼 새도 없었다. 날마다 밤늦게 들어왔다가 아침 일찍 나갔기 때문이다. 휴에게는 휴일도 없었다. 집에 와서도 잘 웃지 않는 아빠에게 아이는 안기려 하지 않았다. 그런데 요즘은 휴가 아이를 자주 안는다. 아이와 같이 있는 시간이 편하고 행복하다. 아이도 아빠와 많이 친해졌다. 얼마 전까지만 해도 휴는 아이는 하나만 낳기를 고집했다. 아버지가 형만 편애했기 때문에 자기도 그럴까 두려웠다. 그런데 요즘은 아내에게 하나 더 낳자고 조른다.

휴처럼 무의식적 분노와 적대감 속에서 사는 사람들은 성생활에서도 갈등의 소지가 많다. 휴도 예외는 아니었다. 휴는 아내에게 마음을 열지 않았다. 아버지가 선택해 준 여자라는 생각에 때로는 아내에게 짜증이 났다. 휴의 알 수 없는 분노에 마음이 상한 아내는 '회사 일에 쫓겨 너무 피곤해서 그런가 보다' 라고 체념한 듯했다. 그런데 휴가 달라졌다. 마음이 자유로워지던 날 밤 휴는 결혼 후 처음 누리는 행복한 부부관계를 가질 수 있었다.

　　나는 나의 여성 환자들이 생각났다. 치료가 잘 된 여성 환자들은 결혼 후 처음으로 오르가슴을 느꼈다고 고백했다. 부인의 오르가슴을 보는 남편들은 행복해진다. 휴의 성생활도 그렇게 좋아졌다. 휴는 집에 오면 피곤해서 손가락 하나 꼼짝할 수 없었다. 그런데 어느 날 함께 영화를 보다가 부인이 브렉퍼스트 인 베드(breakfast in bed)를 즐기는 서양 여배우를 보고는 "나도 젊어서는 저런 삶을 꿈꿨는데…" 했다. 다음날 휴는 바로 브렉퍼스트 인 베드를 대령했고, 부인은 감격해 거의 울 것 같은 표정이었다고 한다. 이렇게 부인과 친해졌다.

　　어제의 휴는 무의식에서 아버지와 형에게 분노하고 있었다. 자신을 소외시켰던 존재들에 대한 증오와 질투였다. 이제는 그런 감정이 풀렸다. 나이 들고 외로워진 아버지와 형을 동정하게 되었다. 어른스럽게 아버지와 형을 이해하게 되었다. 그들도 완전한 존재가 아니라는 것을, 일부러 의도적으로 자신을 괴롭힌 것이 아니었다는 것을. 어쩌면 자신을 사랑했을지도 모르는데, 상황이 어쩔 수 없었거나 표현이 모자랐을 수도 있었는데, 그걸 자신이 잘못 받아들인 건 아니었나 생각하기도 했다. 무엇보다도 그런 일들이 이미 과거의 일이었는데 자신은 현재의 일처럼 분노하고 두려워하고 있다는 것을 이해했다.

휴는 마음속으로 아버지와 화해했다. 이후로 아버지를 만날 때마다 대면하기가 훨씬 편해졌다. 예전처럼 주눅 들지도 않았고, 잘 보이려 하지도 않았다. 때로 아버지가 어머니한테 화를 내면 "이제 두 분이 재미있게 사실 때도 되지 않았습니까?" 하고 웃으며 항의도 했다. 그럴 때 수그러드는 아버지의 표정을 보며 연민의 감정을 느꼈다. '이제 정말 늙으셨구나!' 하고. 이민 간 형에게도 처음으로 편지를 보냈다. 형은 휴의 편지를 받고 무척 좋아했다. 그리고 아버지와의 화해를 주선해 달라고 부탁했다. 휴는 자기가 아버지와 형을 중재하는 역할을 하게 된 게 은근히 기분 좋았다.

어느 날 찾아온 휴식

정신분석 치료를 받은 환자들은 어느 날 찾아온 휴식을 감격스럽게 맞이한다. 그들에게도 휴일은 있었지만 그것은 달력상의 휴일일 뿐이었다. 마음은 늘 분주하고 쉼표 없는 악보처럼 매일 숨 가빴다. 휴의 생활도 그랬다. 브레이크가 없는 자동차 같았다. 위험하기 짝이 없는 삶이었다. 휴에게 휴가란 없느니만 못했다. 여름휴가를 가도 언제나 노트북을 들고 갔다. 바닷가에서 아내와 아이가 뛰어놀 때도 휴는 모래사장에 앉아 노트북을 켜 놓고 회사 직원들과 메신저로 대화를 나누었다. 노트북이 휴의 가장 가까운 가족이었다. 주말이나 일요일은 사업상 골프를 쳤다. 골프를 치지 않는 날은 회사에 나갔다. 그래야 맘이 편했다. 어쩌다 일이 없어 집에 있으면 좌불안석, 안절부절, 짜증나고 지루해서 견딜 수가 없었다.

그러나 이제 휴는 숨 쉬듯 자연스럽게 생활의 쉼표를 받아들인다. 동면하는 겨울이 왜 있는지, 어둠에 몸을 기댈 수 있는 밤이 왜 있는지를 알 것 같다고 했다. 수면 시간은 낭비가 아니었다. 자기의 일상을 거리를 두고 바라볼 줄 아는 여유도 생겼다. 일요일이면 되도록 가족과 함께 시간을 보낸다. 함께 놀이동산에 가고 가까운 교회에 나간다. 아내와 뛰어노는 딸아이의 경쾌한 웃음소리를 들으면 정말 기분이 좋아진다.

쉴 줄 알게 된 것이다. 이제는 휴식이 무언가를 알 것 같았다. 전에는 몸은 일터를 떠나 있어도 마음은 늘 일에 매여 있었다. 다른 사람의 인정을 받아야 했기에 마음이 늘 분주했다. 마음 놓고 쉴 수가 없었다. 제대로 된 휴식을 경험한 적이 없었다. 마치 자신 안에 자신을 채찍질하는 누군가가 있는 듯했다. 채찍을 휘두르는 노예감독 같은 인물이었다. 심리적 노예감독이었다. 그러나 그 노예감독으로부터 벗어났다. 그는 자유인이 되었다. 휴일에 가족들과 어울려 놀아도 아무렇지 않았다. 그건 너무나 당연한 일이었지만 휴에게는 처음 만나는 경험이었다. 여섯 살 때 할머니에게 그 말을 들은 이후 30여 년 만에 처음으로 느껴 보는 휴식인 것 같았다.

회사에서도 한가한 시간을 고요히 생각하는 시간으로 활용할 줄도 알게 되었다. 때로 화가 나고 감정이 앞설 때도 있었지만 잠시 물러나 이성을 회복할 시간도 가질 수 있었다. 휴는 책상 서랍을 열어 처박아 놓았던 종이 한 장을 꺼냈다. 언젠가 자신이 다니던 경영대학원에서 만난 선배 기업인이 건네 준 쪽지였다.

아인슈타인이 말하는 성공의 법칙

'S = X +Y +Z'

S = 성공

X = 말을 많이 하지 말 것

Y = 생활을 즐길 것

Z = 한가한 시간을 가질 것

휴는 그걸 보며 이런 생각을 했었다.

'쳇, 즐길 거 다 즐기고 한가하게 보냈다가 언제 성공해? 아인슈타인의 성공과 우리의 성공은 내용이 다르잖아.'

하지만 휴는 이제 'Y(생활을 즐길 것)'와 'Z(한가한 시간을 가질 것)'를 어렴풋이 이해할 수 있을 것 같았다. 진정한 성공이란 누구에게나 궁극적으로는 다르지 않다는 것도 알 것 같았다. 완벽하지는 않지만 휴는 이렇게 자유인이 되었다. 어른이 되었다고나 할까, 미숙한 아이의 욕구와 감정에 사로잡혀 있다가 이제는 철든 어른이 되었다.

누구나 휴처럼 신비로운

체험을 할 수 있다

"세 살 버릇 여든까지 간다"는 속담이 있는데, 이는 옛 선인
들의 지혜가 돋보이는 속담이자 아주 정신분석적인 속담이다.
세 살 때 형성된 인격이 여든까지 간다는 것은 정신분석학에서
이미 증명되었다. 평생을 마음속 아이의 감정에 지배당하며 살
다가 죽는 사람도 허다하다. 마지막 임종의 순간까지 이렇게
부자유하게 산다는 것은 고통스럽고 억울한 일이다. 그들은 남
모르는 열등감이나 쉽게 무너지는 자존심 때문에 괴롭다. 내면
의 열등감은 자기만 안다. 철저하게 가면 뒤에 숨겨 놓기 때문

이다.

휴도 열등감에 시달렸다. 경영학 석사학위까지 받았지만 그는 늘 '나는 무식해. 내 학위는 교수가 봐 줘서 딴 거야. 누군가 실력 있는 사람을 만나면 내 무식이 들통날 거야' 하는 초조감을 갖고 살았다. 그러나 이는 사실이 아니었다. 객관적인 그의 실력은 뛰어났다. 그러나 주관적으로 그는 자신을 형편없는 무식쟁이, 허풍쟁이로 느끼고 있었다. 이것을 은폐하기 위해서 책도 많이 읽었다. 대화할 때는 어려운 영어를 섞어 말했다. 석사학위를 딴 것도 실은 열등감을 은폐하기 위한 노력이었다.

그러나 학위를 따 보아도 변함없이 그의 내부 고발자(?)는 그를 '무식한 놈'이라고 비웃었다. 책을 많이 읽어도 영어를 많이 섞어 말해도 그의 내부에서는 '네가 그런 짓을 하는 이유를 아는 사람은 다 안다'고 비난했다. 이 내부 고발자는 유아기의 아버지였다. 아버지는 늘 휴의 무능력을 지적했다.

"형을 봐라. 얼마나 훌륭하냐. 무엇이든 잘한다. 그런데 너는 왜 이 모양이냐. 뭐하나 제대로 하는 게 없으니…쯧쯧."

아버지의 이 말씀은 삼십 평생 휴의 내면세계 깊은 곳에

서 울려 퍼지고 있었다. 휴가 작은 실수를 저질렀을 때도 여지
없이 울림이 온다. 예컨대 회사에서 회의 중에 작은 말 실수를
했을 때에도 휴는 가슴이 철렁 내려앉는다. 물론 아무도 눈치
채지 못하도록 얼른 수습하기는 하지만 그의 내면에서는 그
순간 또 아버지를 만난다. 아버지는 "도대체 네가 제대로 할
줄 아는 게 뭐냐. 한심한 놈" 하고 얼굴을 돌려 버린다. 아버지
의 차가운 표정이 그를 비참하게 만든다.

　　정신분석에는 '내적 대상관계(internal object relation-
ship)'란 말이 있다. 유년기에 어떤 중요한 인물(대상)과 가졌던
관계가 마음속에 내재화되어 행동 패턴을 만든다는 것이다. 예
컨대 휴는 가해자인 아버지와 그 앞에서 위축된 피해자의 관계
를 무의식에 갖고 있었다. 이 내적 대상관계는 그의 생활 속에
서 때때로 현실관계로 나타났다. 사장에게는 가해자 이미지를
투사해 사장은 가해자가 된다. 사장 앞에서 휴는 갑자기 무력
감을 느끼고, 피해자의 감정을 느끼게 된다. 가정에서도 아내
에게 피해자 이미지를 투사하고 휴는 냉정하고 무리한 요구를
하는 가해자가 된다. 휴가 아내와 가까워지지 못한 이유가 여
기에도 있었다.

이런 현상은 휴의 무의식에서 진행되고 있었다. 그래서 휴는 자기가 이런 내부 고발자를 가지고 있었고 그 앞에서 늘 주눅 든 아이처럼 살아왔다는 사실을 몰랐다. 즉 자신의 심리적 현실을 몰랐다는 것이다. 자기 마음이면서도 자기가 모르는 마음이 있다. 이것이 무의식이다. 어둠 속에서 진행되기 때문에 인식하지 못한다. 인식하지 못하니 치료할 수도 없다. 어떤 정신분석가는 무의식의 갈등을 어둠 속에서 활개 치는 드라큘라에 비유했다. 드라큘라는 아주 강하고 두려운 대상이지만 햇빛을 비추면 먼지처럼 분해되어 버린다. 휴는 드라큘라를 물리친 것 같다. 어두운 무의식에 이성의 햇빛을 비춘 모양이다.

나를 만나는 동안 휴는 나를 내부 고발자로 보았던 것 같다. 정신분석을 받는 환자들은 거의 모두 이런 경험을 한다. 평생을 그렇게 내적 대상을 현실의 대상에게 투사하며 살아왔기 때문에 휴가 나를 내적 고발자로 보는 것은 어쩌면 당연한 일인지도 모르겠다.(무의식의 세계에서는 한 대상에게 미움과 사랑을 동시에 느낄 수 있다. 휴는 나를 이상적이고 다정한 아버지로 느끼기도 했고, 내부 고발자인 아버지로 보기도 했다.) 그는 내 앞에서 약한 어린아이처럼 행동했고 내게 인정받으려고 노력했다. 자기가 얼마나 성공적인 사업가이며 회사를 세울 때 얼마나 중요한 역할을 했는지 여러 번 강조했다. 내 반응이 시원치 않다 싶으면 초조해졌다. 나를 만난 어느 날은 이유도 모르게 마음이 심란하고 불안해 잠을 잘 수가 없었다. 그러다가 내가 그를 인정해 준다는 느낌을 받으면 달라졌다. 예컨대 내가 그의 이야기에 흥미를 느끼는 것 같이 밝게 웃었을 때는 (실은 내가 웃었는지 확실치 않지만 그는 그렇게 느꼈다) 순식간에 불안이 사라지고 '신기하게도' 그날 밤에 깊은 잠을 잘 수 있었다. 휴는 '신기하게도'란 단어를 사용했다.

나의 휴가 중에 그가 경험한 것도 같은 것이었다. 정신분석에서는 '전이 경험'이라 한다. 이런 경험은 유년기에 아버지와 경험했던 감정 경험이었다. 그리고 삼십 평생 무의식에서 그를 지배했던 내적 경험이었다. 드라큘라였다. 이 경험이 나를 만나는 진찰실에서 의식의 표면으로 올라왔다. 무의식이 의식으로 나온 것이고 과거가 현재로 표현된 것이다. 그는 마음속의 아이를 발견했던 것이다. 너무나 비합리적이고 유치한 감정이 자기를 지배하고 있는 것을 이해하게 되었다.

'이런, 내가 무슨 짓을 하고 있는 거야?'

여기서부터 내적 변화가 시작되었다. 매사에 자기를 무능한 사람이라고 비판하던 자기를 보았다. 어른 앞에 가면 주눅 들어 온몸이 굳어 버리고 자신과 아무 상관없는 어른인데도 그의 눈치를 살피고 있었던 자신을 발견했다. 자신의 심리적 현실이 마치 교무실에 불려 온 초등학생과 같았던 것도 이해되었다. '마음속의 아이와 차가운 아버지'. 정신치료를 통해 '자기 인식(self awareness)'의 영역이 무의식까지 넓어졌다. 이것이 휴를 해방시켰다. 물론 아직 불완전하고 갈 길이 멀지만 부분적 성공을 쟁취했다. 휴의 건강하고 이성적인 성격이 큰 도움이 되었을 것이다.

　　이렇게 지금 무의식의 장난으로 고통 받고 있는 사람이 있다면 누구나 휴의 말대로 '신기하게도' 그 감정에서 벗어날 수가 있다. 벗어나기에 너무 늦은 감정도 없고 깨어나기에 너무 늦은 나이도 없다. 지금이 최상의 시기이고 최고의 기회다.

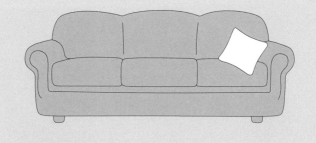

2부

우리 안에도
어린 '휴'가 있다

– 내 안의 어린아이
극복하기

Where are you?

우리는 휴를 통해서 사람과의 관계가 사람에게 어떤 영향
을 주는지를 극명하게 볼 수 있었다. 휴는 유년기 상처를 치유
하지 못한 채 성인이 되었고, 유년기 상처를 치유하지 못한 사
람은 인격의 일부분이 미숙한 채로 남아 있다. 휴처럼 철들지
못한 채 성인이 되는 것이다. 철들지 못한 성인은 자신도 고통
을 받지만 주변 사람들도 괴롭힌다. 우리 주위에서 이런 사람
들을 어렵지 않게 볼 수 있다. 우리 자신도 자세히 보면 어느
구석에 이렇게 철들지 못한 마음속의 아이가 숨어 있는 것을

볼 수 있다. 우리는 모두 또 다른 휴라 할 수 있다.

오스트리아의 정신과 의사인 빅터 프랭클이 이런 말을 했다.

"사람들과 인사할 때 '어떻게 지내십니까?(How are you?)' 라고 묻는 것보다 더 중요한 질문은 '지금 어디에 계십니까?(Where are you?)' 라고 묻는 것이다."

여기에서 '어디에?' 는 서울, 종로 같은 공간적 장소가 아니라 심리적 장소를 말한다. 지금 '실제 현실'에서 살고 있는지 아니면 '심리적 현실'에서 살고 있는지를 물어 보라는 얘기다.

우리 안에는 과거의 경험이 만들어 놓은 모순된 감정들과 유아적인 감정들이 겹겹이 쌓여 있다. 이해할 수 없는 분노나 열등감 같은 유치한 감정들이다. 이런 감정들은 격렬하고 통제하기 어렵다. 무의식에서 진행되기 때문에 이해하기도 어렵다. 그러나 엄연한 현실이다. 실제 현실이 아닌 타인의 눈에 보이지 않는 심리적 현실일 뿐이지만 대인관계나 정신세계에 구체적인 영향력을 행사한다. 아이처럼 화나고 아이처럼 서럽다. 아이가 엄마의 눈치를 살피듯 남의 시선을 의식하며 초조해진다. 심리적 현실에서 사는 존재는 이미 어른이 된 내가 아니라 '마음속의 아이' 이다. 원인을 알 수 없는 우울, 초조나 열등감은 이 아이의 감정이다. 휴를 괴롭힌 것도 이 '마음속의 아이' 였다.

　　정신분석을 하다 보면 수없이 많은 휴를 만나게 된다. 인생 경험이 사람마다 다르고 다양한 것처럼 심리적 현실도 다양하고 마음속의 아이들도 얼굴이 각기 다르다. 아주 순종적인 아이도 있고 매우 사나운 아이도 있다. 의심 많은 아이도 있고 잘난 체하는 아이도 있다. 진료실에서 내 비위를 맞추려는 아이도 있고 나와 사랑을 나누려는 아이도 있다. 정신과 의사로서 나는 휴들이 자기 내면에 가지고 있는 이 아이들을 발견하도록 돕는다. 그래서 그들이 심리적 감옥으로부터 해방될 수 있도록 한다. 휴의 경우처럼.

　　진찰실 밖에서도 나는 '또 다른 휴들' 을 종종 본다. 심리적 감옥에 갇혀서 힘겹게 사는 휴들말이다. '또 다른 휴들' 이 가지고 있는 '마음속의 아이들' 이야기를 하고 싶다. 심리적 현실에서 살고 있는 아이들 이야기이다. 아마도 나를 포함한 우리들 모두의 내면에도 있을 법한, 그러나 만나기 두려워서 외면했을 내면의 아이들 이야기이다.

　　당신도 이 아이들의 이야기를 읽고 자신의 내면에 숨어 있는 아이와 만날 수 있게 되기를 바란다. 그래서 휴가 그랬던 것처럼 마음의 자유와 기쁨을 누리기 바란다. 그렇게 할 수 있다면 당신은 지혜롭고 용감한 사람이다. 내면의 아이를 찾아 직시하는 것은 자아가 건강하고 통합능력이 뛰어난 사람이라야 할 수 있는 일이기 때문이다. 이런 기대를 갖고 마음속의 아이들 이야기를 시작하겠다.

성난 아이

마음속에 성난 아이가 살고 있는 사람들이 있다. 그들은 화가 났음에도 불구하고 오히려 기가 죽어 있고 복종적인 태도를 보인다. 캐나다 멕길대학의 정신과 교수인 다반루 박사는 "인간의 문제는 결국 분노와 이에 따르는 죄책감 때문에 생기는 것"이라고 했다. 수년 전에 미국 정신의학회에서 다반루 박사가 치료한 환자에 대해서 발표한 적이 있었다. 치료 장면을 비디오로 보여 주어 현장감이 있었고, 환자의 변화도 극적이고 인상적이었다.

환자는 30대의 회사원이었다. 그는 우울증이었는데 자신이 초라하고 못나 보여서 견딜 수가 없다고 했다. 평소 성격이 매우 소심하고 복종적인 사람이었다. 진료실에 들어와서 나갈 때까지 그는 눈을 내리깔고 마루바닥만 보고 있었다. 감히 다반루 박사를 올려다보지도 못했다. 의자의 끝부분에 겨우 엉덩이를 걸친 채 고개를 숙이고 있었다. 목소리도 떨고 있었다. 그러던 어느 날 다반루 박사가 그에게 "왜 나를 쳐다보지 못하십니까? 나를 쳐다보면 무슨 일이 일어날 것 같아서 두려워하시는 것 같은데요"라고 말했다. 그는 몹시 당황했다. 긴 침묵이 흐른 뒤 그는 자기 마음에 떠오르는 상상을 털어 놓기 시작했다.

"제가…제가 선생님을 마주 쳐다보는 것은 아주 건방진 행동이에요. 선생님은 화나실 거예요. 그리고 제게 고함을 지르시겠지요. '버릇없는 놈'이라고요"라며 그는 울상이 되었다. 다반루 박사는 다시 질문했다.

"그리고요? 그때 당신은 어떻게 하십니까?"
그는 어찌할 바를 모르는 듯 마주 잡은 손을 부비고 비틀면서 한참 동안 침묵을 지켰다. 마침내 그는 울음을 터트렸다. 울면서 큰소리로 말했다.

"저도 화가 나요. 의자로 선생님의 머리를 후려쳐 버려요. 선생님의 머리는 박살이 나고 골이 흘러 나와요. 선생님의 눈도 튀어나왔어요."

그때 박사가 물었다.

"눈은 무슨 색이지요?"

"초록색이요."

이때 환자는 깜짝 놀라며 "선생님 눈은 초록색이 아닌데요" 했다. 여기서부터 환자는 안정을 찾는 것 같았다. 그는 초록색에 대한 기억을 떠올렸다. 아버지와 관련된 기억이었다. 아버지는 너무나 차갑고 엄한 분이었다. 동생과 싸우면 억울하게도 그만 나무랬다. 아버지는 몸이 약한 어머니를 무시하고 자주 때렸다. 어머니가 불쌍했지만 아버지가 무서워서 어머니를 보호해 주지 못했다. 어머니를 때리는 아버지를 보며 자기가 커서 힘이 생기면 아버지를 죽여 버리겠다는 상상도 했다. 그러나 그런 상상은 무서웠다.

아버지는 그가 조금만 잘못해도 서재에 불러 놓고 수 시간씩 설교를 했다. 그런데 그 서재에 늘 걸려 있던 그림이 초록색이었다. 아버지 서재의 초록색과 튀어나온 눈알의 초록색이 같았다.

　그는 다반루 박사를 아버지로 착각하고 있었다. 전이현상이었다. 아버지 앞에서 주눅 들듯이 박사 앞에서 오금을 펴지 못했다. 그리고 박사를 증오했다. 아버지에 대한 분노가 박사에게 옮겨 간 것이다. 그는 상상 속에서 박사를 공격하고 살해했다. 그러나 실은 아버지를 공격하고 아버지를 살해한 것이다. 이는 그의 무의식에 숨겨진 분노가 얼마나 격렬한 것인지 짐작하게 한다. 그는 박사에 대한 분노 폭발이 실은 아버지에 대한 분노라는 것을 깨달았다. 자신의 마음속에서 '성난 아이'를 발견한 것이다.

　다음날 진료실에 나타난 그는 달라져 있었다. 의자에 편하게 앉았고 박사를 마주보며 이야기했다. 목소리도 크고 당당했다. 겁먹은 표정은 찾아볼 수 없었다. 5년 후 다반루 박사는 그가 어떻게 사는지 추적 조사했다. 그는 당당했고 뛰어난 유머감각이 있었으며 성공적인 직장생활을 하고 있었다.

다반루 박사의 환자는 우리의 휴와 닮았다. 휴 안에도 성난 아이가 있었다. 형만 편애하는 아버지에게 화난 아이였다. 무의식에 살고 있는 성난 아이는 자기 분노를 두 방향으로 터트린다. 밖으로 폭발하기도 하고 안으로 폭발하기도 한다. 안으로 폭발하는 분노는 우울증을 일으킨다. '나는 나쁜 놈이다', '내가 못나서 이런 대우를 받는다. 나는 그렇게 무시당해도 싼 놈이다' 하는 식의 자기비하로 나타난다. 분노의 화살을 어머니나 아버지에게 쏘면 큰 죄가 되므로 그 죄책감이 두려워서 자기를 쏘는 것이다. 자기를 쏘는 편이 안전하기 때문이다. 그렇게 자살까지 가기도 한다.

분노가 밖으로 향할 때는 엉뚱한 대상에게 분노가 터지기도 한다. 부인이나 아이들같이 만만한 대상에게 화를 낸다. 아이들은 그런 아버지를 무서워한다. 좋은 아버지이지만 언제 터질지 모르는 시한폭탄과 같아 두렵다. 직장의 부하가 분노의 대상이 되기도 한다.

마음속의 부모에 대한 분노가 주변 사람들에게 이동(displacement)한 것이다. 이동이란 심리현상은 합리적이지 못하지만 우리 주위에서 자주 볼 수 있다. 선생님에게 매 맞은 아이가 선생님 구두를 발로 차 버리는 것은 이동이다. 남편이 미운 부인이 시누이를 비난하는 것도 이동이다.

시어머니를 미워하는 부인이 있었다. 그 부인은 둘째 아들을 미워했는데 그 아이가 시어머니와 유별나게 닮았고 어려서부터 하는 짓이 꼭 시어머니와 같았다. 시어머니에게서 둘째 아들에게로 감정의 이동이 일어난 것이다. 이동은 무의식에서 일어나기 때문에 본인들은 모르는 경우가 많다.

마음속의 성난 아이는 편집증을 만든다. 사람들이 자기를 중상모략하고 자기 자리를 빼앗아 갈 것 같은 생각에 시달린다. 직원들이 모여서 잡담하는 것을 보아도 마음속의 아이는 자기를 음해하고 음모를 꾸미는 것으로 해석한다. 자기 분노를 상대에게 투사하기 때문이다. 내적 분노가 클수록 사람들에 대한 두려움도 크다. 적진에 남겨진 패잔병처럼 바스락 소리에도 소스라치게 놀란다. 그래서 생존을 위해 모든 촉각을 곤두세우고 의심한다. 사람을 볼 때에도 정면으로 보지 못하고 곁눈질을 한다. 이를 '편집증의 눈(paranoid eye)'이라 한다.

편집증적인 사람 중에 사회적으로 성공한 사람도 많다. 정치인, 특히 독재자 가운데 편집증이 많다. 살아남기 위해서 철저하게 준비하고 자기의 힘을 기르기 때문이다. 그렇게 성공해 보아도 마음속의 성난 아이는 늘 억울하고 우울하다. 편집증에 대해서는 다음 '의심하는 아이'에서 좀 더 다루겠다.

　마음속의 분노는 몸의 증상으로 나타나기도 한다. 심한 설사, 자기 몸을 피가 나도록 긁는 가려움증, 고혈압, 동맥경화, 뇌졸중, 심장마비 등이며, 사망률도 비교적 높다.

　분노와 죽음에 대한 흥미로운 연구가 있었다. 노스캐롤라이나 대학의 달스트롬 교수는 의대생을 대상으로 적대감을 조사했다. 그리고 적대감이 높은 그룹과 낮은 그룹으로 나누고 25년 후, 그들이 50대가 되었을 때 사망률을 조사했다. 적대감이 높았던 의사들은 적대감이 낮았던 의사들보다 사망률이 일곱 배나 높았다. 심장 질환에 걸린 사람도 다섯 배나 많았다. 달스트롬 교수는 법대생을 대상으로도 같은 조사를 했다. 법대생일 때 적대감 수치가 높았던 변호사들 5명 가운데 1명이 25년 후에 이미 고인이 되어 있었다.

　그런데 이와 대조적으로 적대감 수치가 낮았던 변호사들

의 사망률은 100명 중 4명에 불과했다. 5명 중 1명과 100명 중 4명의 사망률이란 엄청난 차이다. 분노가 사람을 죽인다.

분노 처리는 우리의 큰 숙제이다. 마음속의 성난 아이의 분노는 더욱 큰 문제다. 무의식에 있어서 이성의 손이 닿지 않는 곳에 있기 때문이다. 휴나 다반루 박사의 환자는 자기성찰을 통해서 자기들 안에 살고 있는 '성난 아이'를 발견했다. 이 발견 후 그들은 해방되었다.

이런 발견만으로 어떻게 치유가 일어날까. 이 부분은 정신의학에서도 아직 명쾌하게 설명하지 못하고 있다. 인간의 정신현상은 복잡하고 신비로워서 설명하기 어려운 것이 많다. 자기 성찰과 이해, 그리고 치유의 과정도 그렇다. 굳이 설명해 본다면 자기 발견 혹은 자기 이해가 치료효과를 가져온다고 하겠다. 이 발견을 정신의학에서는 '통찰'이라 한다.

휴의 경우를 예로 든다면, '아하, 내 안에 이런 아이가 있었구나. 형만 편애하는 아버지에 대한 분노와 그리움으로 애타는 아이, 형에 대한 질투심에 빠진 아이가 있었구나. 그래서 그렇게도 남들에게 인정받으려 했고, 버림받을까 봐 두려워했구나. 그래서 쉬지도 못하고 숨 가쁘게 살 수밖에 없었구나' 하는 자기 발견이 통찰인 것이다. 이렇게 글로 써 놓으면 아주 단순해 보이지만 이것을 깨닫는 순간 당사자는 불과 몇 초 사이에 지금까지 살아온 일생이 파노라마처럼 스쳐 지나가고 이해되는 경험을 한다.

정신의학에서는 이를 '의미 있는 순간(meaningful moment)'이라 한다. 이때 울음이 터져 나오기도 하고, 웃음이 나오기도 한다. 말로 표현하기 어려운 편안함을 느끼기도 한다. 자기를 여기까지 오도록 도와 준 치료자에 대한 고마움을 느끼기도 한다.

사실 마음속의 아이는 유년기에 만들어진 허상일 뿐이다. 마음의 상처를 받고 생겨나 무의식에서 살아왔던 아이다. 그래도 허상은 허상이다. 실상은 현재의 어른인 자기가 실상이다. 실상인 어른이 허상인 '마음속의 아이'의 감정에 지배당하며 살아온 것이다. 이것을 발견하는 것이 통찰이다. 허상은 허상이라는 사실이 밝혀지는 순간, 무력하게 사라지게 되어 있다. 그런데 혹자는 허상을 발견했는데 내 감정은 여전히 힘들다고 한다. 사실 이런 사람들이 많다.

통찰에는 두 가지 차원이 있다. 지적 통찰의 차원과 정서적 통찰의 차원이다. 단순히 머리로 이해한 것은 '지적 통찰'의 차원이고, 마음으로 이해하고 정서적인 반응이 따라오는 이해가 '정서적 통찰'이다. 예컨대 열대지방에 사는 아이에게 겨울에 내리는 눈을 설명한다고 하자. 책과 그림을 가지고 눈에 대해 배운 아이는 눈에 대해서 잘 안다고 할 것이다. 시험지에 정확한 답도 쓸 것이다. 친구들에게 눈에 대해서 가르칠 수도 있을 것이다. 그러나 어느 겨울 날 그 아이가 한국에 와서 하늘에서 내리는 눈을 맞으면 '아하, 이게 눈이로구나!' 하고 새롭게 이해하게 될 것이다. 눈의 느낌과 눈이 만드는 풍경과 내리는 눈을 맞는 기분을 느낄 것이다. 이것이 바로 정서적 통찰 경험이다.

다른 예를 들어 보겠다. 한 소녀가 어머니를 오해했다. 어머니가 자기를 미워하고 귀찮아한다고 생각했다. 하여 가출도 하고 마약도 하는 등 온갖 말썽을 다 부려서 어머니를 괴롭혔다. 보복이었다. 그런데 교통사고가 났다. 중환자실에서 정신이 들어 눈을 떠 보니 침대 발치에서 어머니가 엎드려 주무시고 계셨다. '아, 어머니!' 그 순간, 소녀는 어머니의 사랑을 느꼈다. 이것이 바로 정서적 통찰 경험이다.

정서적 통찰은 신비롭게 일어난다. 내 경험에 따르면 자아가 건강하고, 어릴 때 받은 상처가 적었던 사람들이 비교적 쉽게 정서적 통찰을 얻는다. 이들은 친구와의 대화 중에도 통찰을 얻고, 책을 읽다가도 얻는다. 통찰은 모여서 더 큰 통찰로 발전한다. 내가 이 책을 쓰는 이유도 여기에 있다. 이 책에 소개된 다른 사람들의 내적 경험을 통해 자신에 대한 통찰을 갖게 되기를 기대한다.

분노의 심리를 자세히 들여다보면 흥미로운 현상을 발견할 수 있다. 내가 작아져 있는 것이다. 분노의 원인이 무엇이든 나를 작게 느끼게 하기 때문에 분노가 생기는 것이다. 자신을 무시했다고 느낄 수도 있고, 남과 비교해 못났다고 얘기했을 수도 있고, 열등감을 자극했을 수도 있다. 나는 작아지고 반면에 상대는 거인이 되어 있다.

'일류대학을 나왔다고 나를 무시하는군.' '내 키가 작다고 나를 무시하는 거야.' 이런 식의 강자와 약자의 관계구조가 분노를 증폭시킨다. 이런 구조에서 약자의 입장에 서 있는 사람은 분노를 풀기가 어렵다. 심리적으로 계속 당하고 있기 때문이다. 이럴 땐 '작아지지 말자'라고 스스로 격려해야 한다. 그리고 자기를 작아지게 하는 심리적 배경을 분석해야 한다. 상대가 '정말 거인인가'도 따져 볼 일이다.

휴처럼 유아기 감정을 벗어나면 사람이 큰다. 자기가 큰 사람이 되면 그때 비로소 나를 화나게 한 사람을 용서하고 품을 수 있게 된다. 서두에 소개한 것처럼 철든 삼촌은 어린 조카를 용서하고 무례를 참을 수 있다. 철들고 큰 사람이 되면 분노 처리가 쉬워진다. 분노의 해결책은 나를 큰 사람으로 만들어 나를 화나게 한 사실과 사람을 품을 수 있도록 하는 것이다.

큰 사람이 되기 위해서는 대단한 일을 성취하거나 많은 재산, 명예가 필요한 것이 아니다. 내가 나를 어떻게 생각하는가가 가장 중요하다. 자신에 대해 자존감을 가지고 있어야 한다. 나를 작게 만드는 사람에게 나를 판단할 전권을 주지 말라. 나는 다른 사람의 평가에 관계없이 온 우주에 하나밖에 없는 소중한 존재이다.

물론 세상에는 탁월한 사람들이 있다. 능력 있는 데다 잘생기고 집안도 좋고 성품도 좋아 타인으로 하여금 열등감을 느끼게 만드는 사람들이 있다. 그러나 세상에는 나만이 할 수 있는 내 몫이 있고 그 몫의 삶을 사는 것이 나의 역할이다. 한 가지 재주를 가지고 태어난 사람은 한 가지 재주만큼, 다섯 가지 재주를 가지고 태어난 사람은 그 만큼의 역할을 하며 자기 몫의 삶을 사는 것이다. 인간에겐 누구나 장점이 있고 재능이 있다. 남과 비교할 것이 아니라 이미 내가 가진 내 재능을 온전히 발휘하며 살고 있는가 자문해 보라.

질투하는 아이

정 대리는 직장에서 동료들에 대한 경쟁심이 유난했다. 상
사가 누군가를 칭찬하면 정 대리의 얼굴은 여지없이 일그러졌
다. 경쟁할 만한 건수가 아닌 사소한 일에도 늘 투쟁적으로 대
하는 대인관계 때문에 고립되기 일쑤였다. 동료들에게는 이렇
게 경쟁적인 그가 윗사람들에게는 입속의 혀처럼 잘했다. 그
는 아첨꾼으로 정평이 났고 결국 동료들에게 왕따를 당하게
되었다. 정 대리처럼 동료들에게 지나치게 경쟁의식을 느끼는
사람은 '가인 콤플렉스(Cain complex)'를 가진 경우가 많다. 가

인 콤플렉스란 구약성경 창세기에서 빌려 온 말이다. 형 가인이 동생 아벨을 질투하여 죽이는 사건이다. 아버지의 사랑을 두고 형제들이 경쟁하는 것이다. 정신의학에서는 이를 '형제간의 경쟁(sibling rivalry)'이라고 부른다. '질투하는 아이'가 무의식에 있는 것이다.

정 대리가 세 살 때 남동생이 태어났다. 동생이 생기면서 그는 부모님의 사랑을 잃었다. 그러면서 동생을 몹시 질투하기 시작했다. 동생을 발로 밟다가 어머니에게 혼나기도 했다. 잘 가리던 소변도 옷에다 보았고 짜증을 내며 동생을 다른 사람에게 주어 버리라고 떼를 썼다. 그럴수록 부모는 정 대리를 더 꾸짖었다. 정 대리의 질투심은 해결되지 않은 채 어린아이의 모습으로 그의 무의식에 자리 잡았다.

정 대리가 동료들에게 느낀 지나친 경쟁심은 직장 동료들을 동생과 동일시하는 데 원인이 있었다. 윗사람들은 어머니와 동일시했다. 그의 내면세계를 보면 시기심 많은 마음속의 아이가 어머니의 사랑을 쟁취하기 위해 동료들과 싸우고 있었다. 휴의 경우는 형과 경쟁했다. 휴나 정 대리처럼 시기심 많은 사람은 회사의 분위기를 망치고 심하면 망하게 할 수도 있다.

데이비드 삭스 박사는 피츠버그에 사는 정신분석가이다. 어느 날 그는 미국의 한 유명 회사로부터 자문의뢰를 받았다. 회사가 이유 모르게 망해 가고 있는데 정신분석가로서 진단해 달라는 요청이었다. 삭스 박사는 한 달간 회사의 요직에 있는 사람들(opinion leader)을 만났다. 그리고 한 가지 사실을 발견했다. 사장이 가인 콤플렉스였던 것이다. 사장은 자신도 의식하지 못한 채 임원들을, 자기를 무너뜨리고 자기 자리를 차지하려는 경쟁자들로 생각하고 있었다. 그래서 동료들의 아이디어나 충고를 반대로 해석했다. 결정적인 순간에 회의 결과는 뒤집혔고 엉뚱한 결정이 내려졌다. 그렇게 해서 회사는 자꾸 손해를 보게 되었다. 사장도 직원들도 헌신적으로 일했지만 회사는 기울어졌다. 거대한 배도 한 귀퉁이에서 물이 새기 시작하면 침몰하듯, 거대한 회사도 사장 한 사람의 가인 콤플렉스로 무너지고 있었다. 다행히 사장은 삭스 박사의 충고를 받아들였고, 회사는 회생했다.

한 부인이 우울증에 빠졌다. 시어머니가 원망스럽고 남편도 시어머니 편만 드는 것이 섭섭했다. 이것이 우울의 원인이었다. 만사가 귀찮고 짜증만 났다. 살림도 하기 어려워졌다. 그러나 남편은 정말 가정적이고 나무랄 데 없는 사람이라는 것을 부인도 잘 알고 있었다. 시어머니도 겸손하고 희생적인 분이라 생각하고 있었다. 그러나 마음속에서 화가 치미는 것은 어쩔 수 없었다. 알고 보니 부인의 가인 콤플렉스가 문제였다.

시어머니는 유난히도 막내 동서를 예뻐하셨다. 명절이면 동서는 당일 아침에야 시댁에 도착했다. 맏며느리인 부인은 전날부터 식모처럼 일하고 있는데 동서는 안방에서 시어머니와 TV를 보며 쉬운 일만 했다. 아니꼽지만 내색할 수도 없었다. 또 동서는 뒷마무리도 안하고 늘 빨리 떠났고, 나머지 일들은 부인 몫이었다. 그러는 동서에게 시어머니는 음식을 바리바리 싸서 차에 실어 주시고, 동서가 직장생활 하느라 고생한다고 늘 걱정하셨다.

그러던 어느 날 동서가 낀 진주반지를 보았다. 그것은 부인이 시어머니 생신에 선물한 것이었다. 그 반지를 보는 순간 부인은 갑자기 다리에 맥이 풀렸고, 밤새 잠을 이루지 못하더니 결국 우울증을 앓기 시작했다. 부인은 시어머니의 심정을 잘 안다. 막내 시동생은 실직한 상태이고, 형제들 가운데 형편이 가장 어렵다. 하여 어려운 자식에게 더 정이 가는 것이 인지상정이라고 이해한다. 그러나 마음은 우울하다.

부인은 친정에서 막내였다. 언니는 공부를 잘해 어머니의 관심을 독차지했다. 무엇이든 좋은 것은 언니 차지였다. 옷도 학용품도 언니가 쓰고 난 것을 그녀에게 물려주었다. 언니는 공주고 자신은 시녀 같았다. 그녀는 그런 현실을 운명이라고 받아들였다. 그러나 그것이 무의식에 가인 콤플렉스로 남아 있었다. '질투하는 아이'가 무의식에 살게 되었다. 막내 동서와 시어머니는 언니와 친정어머니의 대리자였다. 질투하는 아이는 화가 났다. 그러나 화를 낼 수는 없다. 그것이 우울증을 일으킨 것이다. 한편으로 시어머니 입장을 이해하면서도 화가 났던 것은 마음속의 '시기하는 아이' 때문이었다.

마음속의 시기하는 아이는 다른 형제보다 부모로부터 더 많은 사랑과 인정을 받고 싶은데 받지 못해서 생겨난다. 즉 비교의식 때문에 생겨나는 것이다. 시기심은 동생이나 형보다 더 사랑 받고 싶고, 우월해지고 싶은 마음에서 생겨나는데 형제가 아닌 다른 사람에게로 투사된다. 그리고 남보다 내가 더 많은 것을 가지고 싶은 욕심과 그것을 통해 남을 지배하고 싶은 지배욕구로 발전된다. 시기하는 아이는 타인과 자신을 비교해 남보다 나아야 안심한다. 자기존중감이 부족한 것이다. 다른 사람을 지배하고자 하는 욕구는 자기존중감이 부족한 것에 대한 역반응이다. 스스로에 대한 평가에 자신이 없는 상태에서 타인들이 동료를 높이 평가할 때 내가 작아져 화가 나는 것이다.

시기하는 아이에게서 벗어나려면 다른 사람보다 나아야 한다는 강박관념에서 벗어나 스스로 소중한 존재임을 깨달아야 한다. 나는 남과의 비교를 통해 존재이유가 드러나는 존재가 아니라 내가 나인 것만으로도 존재이유가 충분하다는 것을 깨달아야 한다. 장단점을 가진 자신의 모습 그대로를 인정하고 사랑해 줄 필요가 있다. 마치 나의 자녀가 잘났든 못났든 나의 자녀인 것만으로 사랑하듯이….

의존적인 아이

김 부인은 소화기 내과에서 의뢰받은 환자였다. 십이지장 궤양을 앓고 있었으나 그것보다 더 심각한 문제는 그녀의 의존적인 성격이었다. 그녀는 끊임없이 남의 도움을 요구했다. 내과에서 정신과를 찾아올 때도 간호사가 모시고 와야 했다. 그리고 진찰이 끝난 다음에는 어디 가서 약을 타야 하는지 모르겠다고 여러 번 내게 물었다. 데려다 주든가, 약을 타 달라는 요구의 다른 표현이었던 것이다.

그녀의 요구 많은 성격은 집에서도 마찬가지였다. 쇼핑

도 혼자서는 못했다. 반찬도 친정어머니가 다 해다 주었다. 아이도 친정어머니와 시어머니가 교대로 키워 주었다. 그녀는 책임을 져야 하는 일은 맡을 수가 없었다. 도무지 자신감이 없었다. 늘 "나는 그런 일 못해요. 당신이 대신해 주세요"라는 말을 입에 달고 살았다.

좋은 대학을 나왔지만 대학시절에도 친구에게 매달리듯 했다. 다행히 남성적이고 추진력 있는 친구 덕분에 대학생활이 편했다. 친구가 그녀의 의존 욕구를 다 충족시켜 주었기 때문이다. 친구는 "무엇이든 내게 말해"라고 했고, 시원하게 해결해 주었다. 리포트도 소개팅도 그 친구가 다 해결해 주었다. 해외 연수도 같이 다녀왔다. 마치 좋은 엄마 같았다. 그녀는 엄마 품에 안긴 갓난아이 같았다. 남편도 친구가 소개해 주었다. 그녀는 친구에게 "네가 결정해 줘. 나는 가서 살게"라고 했다고 말했다. 믿기지 않지만 실제로 그렇게 결혼했다.

남편은 친구와 달리 소극적이고 자기 일만 하는 사람이었다. 오히려 부인에게 아내 역할, 주부 역할을 요구했다. 부인은 힘들어지기 시작했다. 그러나 자존심도 상하고 오기가 발동했다. 그래서 갑자기 독립적인 사람으로 변했다. 친정어머니는 결혼하더니 사람이 달라졌다고 좋아하셨다. 그러나 부인은 십이지장 궤양에 걸렸다. 프란츠 알렉산더라는 정신의학자가 발견한 것인데, 의존적인 사람이 독립적인 체 위장하면 이런 병이 생긴다. 병에 걸리자 그녀는 무너지듯 옛날의 의존적인 성격으로 돌아갔다. 어머니에게 "나는 아프니까 어머니가 살림해 줘"라고 했다. 남편에게도 "나 아프니까 일찍 들어와서 내 곁에 있어 줘"라고 했다.

부인의 마음속에는 '의존적인 아이'가 살고 있었다. 사실 우리는 모두 아기 때 전적으로 엄마한테 의지하고 살았다. 엄마가 돌봐 주지 않으면 아기는 생존할 수가 없다. 그래서 엄마가 자기를 두고 떠나가면 아기들은 필사적으로 운다. 생존의 위협을 느끼기 때문이다. "아기들이 그런 걸 알까?" 하는 사람들이 있겠지만 아기들을 관찰한 정신의학자들은 갓난아이들이 생존을 위해서 얼마나 필사적인가를 발견하고 놀란다.

아기들은 본능적으로 위험을 느낀다. 위험할 때 아기는 무력하기 때문에 엄마를 본다. 엄마가 곧 도와 줘야 한다. 보통 엄마들은 아기를 잘 지켜 준다. 엄마의 모성 본능으로 아기를 지켜 준다. 엄마가 곁에 있으면 아기는 안심하고, 세상을 안전한 곳으로 인식한다. 그리고 인격의 다음 단계로 성장한다. 즉 엄마를 떠나서 방안의 장난감도 가지고 놀고 엄마의 화장품도 만져 볼 수 있게 된다. 세상에 흥미를 느끼고 자율적이고 독립적인 아이로 성장한다. 유치원에 가도 아이들과 잘 어울리고 재미있게 논다.

그런데 엄마가 아기를 잘 돌봐 주지 못했을 때, 아기가 울어도 젖을 주지 않거나 아기를 귀찮아하고 방치했을 때 아기는 두려움이 많은 아이가 된다. 세상이 무서워서 엄마를 떠날 수가 없다. 그래서 유치원에 갈 때도 엄마와 떨어지지 않으려 한다. 끊임없이 누군가가 자기를 곁에서 돌봐 주지 않으면 불안한 '의존적인 아이'가 된다. 김 부인은 무의식에 이 겁먹은 아이를 가지고 있었다.

의존적인 사람들은 하는 행동이 꼭 아기 같다. 요구만 많고 책임질 줄은 모른다. 정신분석 용어를 빌린다면 '쾌락 원칙'에 따라 사는 사람이다. 쾌락욕구를 참지 못한다. 그래서 마약 중독에 잘 빠진다. 요즈음은 도박 중독이 많다. 알코올 중독, 심지어 '성 중독(sexual addiction)'에도 잘 빠진다.

성 중독이란 마치 중독된 것처럼 성적 대상을 찾아 성행

위를 하는 병이다. 미국의 한 변호사가 성 중독이었다. 그는 사회적으로 성공한 40대 변호사였고 교양 있는 부인과 좋은 학교에 다니는 자식들을 두었지만 사창가에 가고, 여인들을 유혹했다. 상대 여인들은 창녀에서 친구 변호사까지 다양했다. 알코올에 중독된 사람이 술을 찾듯이 그는 날마다 여성을 찾았다.

일하는 시간을 빼고는 온통 섹스 생각뿐이었다. 그러나 마음은 늘 초조했다. 성 중독이 탄로 날까 두려웠다. '이 사실이 주위에 알려지면 나는 끝장이다'라며 불안과 초조에 시달렸다. 그래도 그는 또 사창가로 가고 있는 자신을 발견했다. 이런 자신이 싫어서 우울했다. 이것이 성 중독이다. 여러 가지 원인이 있지만 마음속에 있는 '의존적인 아이'가 원인 가운데 하나이다.

그에겐 자기 행동에 대해서 책임지는 힘이 없다. 어머니의 보살핌에 대한 욕구불만 때문이다. 이 욕구불만이 있는 사람은 그 욕구를 여인의 품에서 채우려 한다. 어머니의 살결과 여성의 살을 동일시하는 것이다. 여성의 품에 안기는 순간 마음속의 '의존적 아이'는 엄마 품을 느낀다. 그러나 이 엄마는 실제 엄마가 아니기 때문에 욕구의 만족은 없고 갈증만 남는다. 바닷물을 마신 사람이 더 심한 갈증을 느끼듯이 성 중독에 빠지고 마는 것이다. 도덕적으로는 지탄의 대상이 될 사람들이지만 내면을 이해하고 보면 안쓰러운 사람들이다.

요즈음 정신과에는 배우자의 외도로 우울증에 빠진 사람들이 많이 온다. 외도하는 사람들 중에 성 중독도 상당히 많다. 배우자의 외도를 알게 된 상대방은 정신의 붕괴가 일어날 정도로 충격이 심하다. 남편의 외도를 알고 정신분열에 빠진 부인들을 치료한 적도 있었다. 상대 배우자에게 이런 충격을 주는 외도를 단순히 부도덕한 행동으로 비난하기보다는 원인을 분석해야 치료의 길이 열린다. 부부간의 부조화가 배경에 깔린 경우가 많지만 결정적인 원인은 당사자의 '마음속의 아이' 인 경우가 많다.

누군가의 보살핌을 받아야 안심하는 의존적인 사람은 자신의 마음속에 두려움이 있기 때문이라는 것을 발견해야 한다. 그리고 그 두려움은 현실적인 두려움이 아니라 어릴 적 아이가 엄마의 보살핌이 부족해 느꼈던 두려움이라는 것을 알면 그것에서 벗어날 수 있다. 끊임없이 외도를 하는 남자라면 자신이 여자를 특별히 좋아한다거나 혹은 부인을 싫어해서가 아니라 마음속의 아이 때문인 것을 먼저 깨달아야 한다. 엄마의 보살핌에 대한 욕구불만이 자신을 그렇게 몰아가고 있고 그것은 이 여자, 저 여자를 전전해서 해소될 수 있는 것이 아님을 알아야 하는 것이다. 또한 알코올이나 다른 것에 중독되어 있다면 그것이 자신의 욕구를 채워 줄 수 없는 것임을 알아야 한다. 일단 이러한 사실을 알게 되면 성이나 알코올 등에 대한 의존도가 훨씬 줄어든다.

열등감에 사로잡힌 아이

어느 날 정신분석학 강의가 끝난 후 한 남학생이 내게 편지한 통을 주었다. 편지는 내 강의를 듣던 중 자신의 열등감을 발견했고 그후 자신의 생활이 달라졌다며 내게 감사하는 내용이었다.

그에겐 여자친구가 있었다. 예쁘고 사랑스러운 여자친구였다. 그러나 이상하게도 그녀가 다가오면 불안했다. 데이트를 할 때에도 일정한 거리를 두고 떨어져 앉았다. 마음은 여자친구에게 가까이 가고 싶은데 두려움이 가로막았다. 답답해진 여자친구가 "오빠, 왜 그래?"라고 항의하기도 했다. 자기도 자신이 왜 그러는지 알 수 없었다.

나의 정신분석 강의를 듣던 중 갑자기 한 가지 기억이 떠올랐고 그것이 자신과 여자친구가 가까워지는 것을 방해한다는 사실을 깨달았다. 학교에 들어가기 전인 어릴 때였다. 하루는 어머니 친구 분이 놀러 와서는 충격적인 말을 했다.

"너는 얼굴이 왜 그렇게 못 생겼니? 그 얼굴 가지고 어떻게 살래?"

충격을 받은 아이는 엄마를 쳐다보았다. 그런데 놀랍게도 엄마는 부인의 말에 동의라도 하듯이 웃고만 있었다. 아이는 부끄러워서 엄마 등 뒤로 숨었다. 그때부터 그는 얼굴에 대한 열등감을 갖게 되었다. 중학교, 고등학교 그리고 대학교에 와서도 열등감에 사로잡힌 마음속의 아이가 마음을 지배하고 있었고, 여자친구와 가까워지는 것을 방해하고 있었다. '여자친구가 가까이 접근하면 못난 내 얼굴을 확인할 것이고 실망할 것이다. 그리고 나를 버릴 것이다.' 그래서 거리를 둘 필요가 있었다.

그러나 실제의 그는 키가 훤칠하고 잘생긴 청년이었다.

그런데 어느 날 여자친구가 그에게 "오빠, 요즘 오빠 변한 거 알아?" 했다. 그러고 보니 언제부턴가 여자친구와 같이 있어도 마음이 전처럼 불안하지 않고 편했다. 여자친구가 그와 팔짱을 끼고 있는데도 아무렇지도 않았다. 자신의 변화가 정말 기분 좋았고 신기했다. 그리고 나에게 고마움을 느꼈다고 했다. 비교적 갈등이 적고 건강한 청년으로 보였다. 그런 사람은 치료 효과도 좋다. 무의식의 어떤 부분을 가볍게 건드려만 주어도 문제가 풀어진다. 이 청년의 경우 열등감은 유년기의 상처 경험에서 온 것이었다.

열등감은 '이상적 자기(ideal self)'와 '현실의 자기(real self)' 사이에서 차이를 느낄 때 생긴다. 키가 1미터 80센티미터는 되어야 한다고 생각하는 사람은 1미터 70센티미터인 자신이 부끄럽다. 대졸은 돼야 사람 대접을 받을 수 있다고 생각하는 사람은 고졸인 자신이 부끄럽다. 대졸 앞에 가면 괜히 주눅 들고 초라해진다.

남성에게 열등감을 느끼는 여성들이 많다. 특히 바로 밑에 남동생을 둔 누나들에게서 많이 볼 수 있다. 그것은 유년기 경험과 관계가 깊다. 남근을 가진 남동생은 특별대우를 받는데 자기는 소외당했다고 느끼기 때문이다. 여자아이들은 남근을 갖고 싶어한다. 이것을 정신분석에서는 '남근 선망(penis envy)'이라고 한다. 남근이 없다는 열등감을 극복하기 위해서 남자처럼 행동하는 여성들도 있다. 바지만 입고 치마를 거부하거나 남자들이 주로 하는 직업을 택하기도 한다. 남성들을 여성을 핍박하는 적으로 보고 투쟁하는 여성들에게서 남근 선망을 가진 '마음속의 아이'를 볼 수도 있다.

가혹하고 처벌적인 초자아를 가진 사람들도 열등감이 심하다. 초자아란 인격의 기능 가운데 자기 감독 기능을 맡은 부분이다. 자기 감시, 자기 비판, 양심 등이 여기에 해당한다. 그러나 어떤 초자아는 너무나 엄해서 지나치게 비판적이고 자아가 감당할 수 없는 수준을 요구한다. 이런 사람들은 늘 죄책감과 열등감에 사로잡힌다. '나는 나쁜 놈이야. 나는 부족해'라고 생각한다. 타인들은 모두 유능하고 위대하게 보이는 반면, 자신은 무능하고 열등하게 보인다. 그래서 자신감도 없고 우울하다.

사람에 대한 외면적인 평가 기준도 한몫을 한다. 돈이 많아야 우월한 인간이라는 평가 기준을 가진 사람은 돈 없는 자신이 열등하게 느껴질 것이다. 학벌이 좋아야, 외모가 예뻐야 자기 가치를 인정할 수 있다고 생각하는 사람들은 열등감을 벗어나기 힘들다. 돈, 학벌, 외모 같은 조건에 대한 욕심은 끝이 없기 때문이다. 예컨대, 38평짜리 아파트에 입주한 열등감 많은 부인은 입주하자마자 60평 아파트에서 사는 동창생에게 열등감을 느낄 것이다. 또 학벌 콤플렉스를 가진 사람이 어렵사리 국내 박사 학위를 땄다고 하자. 그는 곧 외국 박사 앞에서 열등감을 느낄 것이다.

세상이 예쁜 여자들에게 인기를 모아 주고, 공부 잘하는 아이들에게 우등상을 주고, 돈 많은 사람들에게 혜택을 주기 때문에 어느새 우리가 여기에 길들여져서 자신의 가치를 그런 조건에 팔아 버리고 있다. 그래서 억울하게도 우리는 곧 잘 잘생기고 예쁜 여자 앞에서 주눅 들고, 돈 많은 자에게 아부하고, 힘 있는 자 앞에서 비굴해지는 열등감의 노예가 되고 만다.

자기 평가의 기준을 돈, 학벌, 외모로 삼아서는 열등감을 벗어날 수 없다. 그보다는 인간으로서 자기 가치를 인정해야 한다. 한 인간으로서의 독특한 자기 가치를 인정하는 사람은 잘생긴 박사 친구가 60평짜리 아파트에서 예쁜 부인과 일류 대학에 다니는 아들과 함께 사는 것을 보고도 박수를 보낼 수 있다. 친구는 친구의 인생을 사는 것이고 나는 내 인생을 산다는 확고한 자기중심이 있기 때문이다. '나는 비록 키가 작고 아파트는 25평이고, 아내의 눈은 와이셔츠 단추 구멍만하고, 애들은 공부를 못해도, 이것이 나만의 귀한 인생이고 나는 나에게 주어진 독특한 인생을 산다'고 생각하면 된다.

조건 때문이 아니라 인생의 개별성(individuality) 때문에 인생은 값나가는 것이다. 중요한 것은 외면이 아니라 '내가 나를 어떻게 생각하느냐'이다. 그리고 그것은 내 자식들에게도 영향을 미친다. 내가 나 스스로를 돈과 학벌, 외모로 평가해 못난 놈이라 생각하면 내 자식들도 그렇게 살 확률이 높다. "성공은 내면에서 무엇을 하고 있는가로 결정되어진다"는 말이 있다. 당신의 자식들이 스스로를 못났다고 여기며 살기를 원하지는 않을 것이다. 부족해도 여전히 내 자식은 소중한 존재이듯 나 자신도 그런 것이다. 소중한 당신의 인생을 소중하게 여기길 바란다. 그동안 자신을 너무 구박했다면 오늘밤은 조용한 시간에 거울을 보며 자신에게 사과해 볼 일이다. "누구야, 미안해. 그동안 내가 너를 너무 구박했지?" 하고 말이다.

의심 많은 아이

대기업 기획팀의 신 과장은 의심이 많은 사람이어서 늘 동료들이 자기를 모략한다고 생각했다. 그러나 겉으로는 내색하지 않고 표면상 좋은 인간관계를 유지하고 있었다. 그의 인간관계는 아주 의도적이고 계획적이었는데, 그것은 동료들을 교묘한 방법으로 이간질시키는 것이었다. 그래야 동료들이 뭉쳐서 자기를 공격할 수 없을 거라고 생각한 것이다.

요즈음 총무부의 이 과장과 구매부의 김 과장 사이가 소원해졌다. 알고 보니 신 과장의 이간질 때문이었다.

신 과장과 이 과장의 술자리

신 과장이 넌지시 말을 건넸다.

"자네 요즘 총무부 미스 리랑 그렇고 그런 사이라면서? 그래, 걔 예쁘더라, 잘 해봐."

유부남인 이 과장이 화들짝 놀라며 물었다.

"누가 그래?"

"김 과장이 그러던데, 에그 절대로 얘기하지 말라고 했는데 이놈 의 입방정…."

다음날 신 과장과 김 과장의 술자리

또 신 과장이 말문을 열었다.

"야, 그 김 과장 말이야. 저는 얼마나 깨끗한지, 자네가 얼마 전 모 처에서 돈 먹었다고 흉보더라. 치사한 자식이야."

이렇게 해서 이 과장과 김 과장은 조용히 원수가 되었 고, 부서간의 업무협조가 원만하게 이루어지지 않는 적대관계 가 형성되었다. 그리고 이 과장은 신 과장에게 김 과장의 정보 를 주었고 김 과장도 신 과장에게 이 과장에 대한 정보를 주었 다. 신 과장은 동료들을 그런 식으로 조종하고 있었다.

신 과장은 상사와 동료들의 관계도 이런 식으로 이간질 시켰다. 그러다 결국 자기가 쳐 놓은 덫에 걸리고 말았다. 그의 이간질이 탄로가 났고 문제가 커져서 정리해고 대상이 된 것이다. 신 과장은 자기가 모함에 빠진 것이라고 분통을 터트렸다. 억울해서 고소하겠다고 하면서 실제로 변호사도 만나고 다녔다. 신 과장은 다른 일로도 재판을 잘 거는 인물이었다.

신 과장은 어린 시절 형편이 어려운 가정에서 자랐다. 하여 어머니도 생활전선에 뛰어들어야 했다. 게다가 어머니는 우울증이었다. 어린 신 과장에게 어머니가 필요할 때 어머니는 늘 곁에 없었다. 신 과장은 어머니의 웃는 얼굴을 본 기억이 없었다. 외롭게 방치되어 춥고 배고픈 어린 시절을 보낸 것이다. 그로 인해 사랑받지 못한 아이들이 흔히 갖게 되는 '나는 사랑받을 자격이 없는 아이' 라는 자아상을 갖게 되었다. 무의식 속에 있는 '의심 많은 아이' 는 '세상은 위험한 곳이고 세상 사람들은 나를 불행하게 하려고 음모를 꾸민다' 고 믿고 있었다.

이런 위험한 세상에서 살아남기 위해서는 힘을 가져야 했다. 신 과장은 열심히 공부했고 현 직장의 장학금을 받으며 대학을 마치고 졸업과 동시에 특채되었다. 그러나 인간관계에서 늘 문제가 생겼다. 엉뚱한 오해로 싸우기 일쑤였고, 늘 자기가 억울하게 당했다고 생각했다. 그러나 실제로는 상대방이 당하는 경우가 대부분이었다. 그것은 마음속의 '의심 많은 아이' 때문이었다.

신 과장처럼 마음속에 '의심 많은 아이'를 갖고 있는 사람들은 의처증이 되기 쉽다. 부인에게 남자가 있다고 의심하고 증거를 잡기 위해 벼른다. 의처증은 열등감에서 나온다. '아무도 나 같은 놈을 사랑할 리가 없다'는 생각이 의처증의 기저에 깔려 있다. 부인도 자기를 사랑할 리가 없다고 믿는 것이다. 매력적인 남성을 찾으면 나 같은 놈은 버리고 그놈에게 가 버릴 것이라고 믿는다. 그래서 의처증이 발병하는 시점은 대개 실직이나 승진 실패, 신체적 질병 같은 스트레스로 자존심이 상했을 때이다. 나이 들어 성적 능력이 약해졌을 때도 많이 발병한다.

그런데 의처증을 가진 남성들이 자기들 생각처럼 매력 없고 실패한 사람들은 결코 아니다. 오히려 사회적으로 성공한 사람들이 많다. 사업가나 전문직에 종사하는 사람들도 많다. 자신의 실제 현실은 성공적인데, 자기 마음의 현실이 패배감에 젖어 있는 것이다. 그런 남편과 함께 사는 부인들의 고통은 이루 말할 수가 없다. 남자관계를 고백하라고 밤새워 추궁하고 때린다. 같은 말을 묻고 또 묻는다. "몇 번 만났느냐, 어떤 호텔에서 만났느냐, 날짜를 대라. 어떻게 관계를 가졌느냐"고 한다. 어떤 부인은 고백하면 용서해 준다는 말에 남편이 시키는 대로 진술서를 써 주었다. 그런데 남편은 그 종이를 양말 속에 간직하고 다니며 증거로 제시했다. 이런 상황은 부인도 괴롭지만 당사자도 괴롭다. 한 환자는 울면서 이렇게 하소연을 했다.

"저는 아내를 사랑합니다. 인간인데 실수할 수도 있지 않습니까? 저는 아내가 솔직히 외도한 사실을 인정하고 용서를 빌면 다 용서해 줄 준비가 되어 있습니다. 자식들도 있는데 어떡합니까? 그런데 저렇게 뻔뻔하게 아니라고 잡아떼니 화가 나 미치겠습니다."

'의심 많은 아이'가 의심을 풀어야 그는 의처증에서 벗어날 수 있다. '나도 사랑 받을 수 있는 사람이다'라는 자기존중이 필요하다. "당신은 사랑받기 위해 태어난 사람"이란 복음성가처럼 '건강한 자기애'를 회복해야 한다. 신 과장 같은 사람들을 볼 때마다 나는 유아기에 어머니의 역할이 얼마나 중요한지를 다시 한 번 생각하게 된다. 신 과장도 어떤 의미에서는 피해자다.

⊷∽∽⊷

신 과장 같은 사람은 의심이 많기 때문에 아무도 믿지 못한다. 어려서부터 아무도 믿어 보지 못했기 때문이다. 그러나 단 한 사람이라도 좋다. 믿어도 될 사람을 만나면 치유가 된다. '세상에 믿을 놈 하나도 없다' 라는 믿음을 갖고 사는 사람이 '어, 이 사람은 다른데? 세상에는 내 생각과 다른 사람도 있나?' 라는 '창조적 회의(creative curiosity)' 를 갖게 되면 치료가 시작되는 것이다. 40세가 넘으면서 달라지기 시작하는 사람도 있다. 아내들이 이런 역할을 할 수 있다. 물론 쉬운 일은 아니다. 끝없는 인내로 참아 주고, 믿어 주고, 설명해 주고, 불쌍히 여기는 노력이 필요하다.

잘난 체하는 아이

중소기업을 운영하는 박 사장은 소위 공주병을 앓고 있는
사람이었다. 마음속에 '잘난 체하는 아이'를 갖고 있었고, 병
적으로 자기애를 보여 주었다. 그녀는 직원들을 종 부리듯 하
기로 소문이 났고, 여왕처럼 행세했다. 직원들에게 마치 사극
에서 화살을 고슴도치처럼 맞고도 여왕을 보호하는 병사처럼
직원들에게 충성과 헌신할 것을 요구했고, 밤늦게까지 일을
시키고도 월급은 쥐꼬리만큼 주었다. 또 그렇게 부려 먹다가
도 쓸모없다 싶으면 가차 없이 쫓아냈다. 직원들의 가정 형편

같은 것은 안중에도 없었다.

어느 날 한 임원이 교통사고를 당해서 응급실에 실려 갔다. 그 시간에 회사에서는 중요한 회의가 열리고 있었다. 갑작스러운 사고로 회의에 참석하지 못하겠다는 전화를 받은 박 사장은 부하 직원에 대한 걱정은커녕 불쾌하다는 반응이었다.

"전화할 정도면 죽을 정도는 아니네. 그럼 어떻게든 회의에는 참석해야지!"

다른 임원들이 들으라고 한 말이었다고는 하지만 그녀의 비정함은 충격적이었다. 이렇게 병적 자기애를 가진 사람들은 자기밖에 모른다. 이웃의 형편이나 감정은 전혀 고려하지 않는다. 비정하게 착취하기 때문에 주위 사람들은 시간이 흐를수록 부서지고 쇠약해진다. 세상에는 두 종류의 사람이 있다. 하나는 주위 사람들을 행복하게 하고 성장시키는 사람이고, 또 하나는 착취하고 파괴하는 사람이다. 병적인 자기애를 가진 박 사장 같은 사람은 후자에 속하는 사람이다.

박 사장의 남편은 결혼할 당시 잘 나가는 기업의 사장이었다. 그러나 결혼 후 어느 날부터인지 부인의 차를 모는 기사로 전락했다. 무력감과 절망감에 빠진 남편은 부인의 침대에서 자살기도를 했다. 그후 박 사장은 남편의 부동산을 모두 자기 명의로 바꿔 버렸다. 박 사장은 늘 "저런 병신하고 사는 내가 불쌍한 년이지" 하며 남편을 비난했다.

박 사장은 명품만 좋아했다. 무엇이든 일류가 자신의 격에 맞는다고 생각했다. 병원에 왔을 때도 교수, 박사만 찾았다. 특권의식이 강했다. 그녀는 끊임없이 칭찬을 듣고 싶어했다. 자기가 얼마나 멋있는 사업가인지, 얼마나 유명한 정치인들과 친분을 갖고 있는지, 자기의 미모를 질투하는 사람들이 얼마나 많은지 등등.

그녀도 역시 어머니와의 관계가 문제였다. 어머니에게 따뜻한 보살핌을 받지 못했다. 어머니는 몸종을 둘 정도로 부자였다. 그러나 차갑고 거만한 사람이었다. 아이를 돌보지 않았고 딸을 몸종에게 맡겼다. 정신의학자들이 관찰한 바로는 어린아이에게는 누구나 자기가 왕자와 공주라고 믿는 시기가 있다. 보통 세 살 이하의 시기이다. 그때 보통 어머니들은 아이를 왕자와 공주처럼 대우한다. 아이가 방긋 웃어 주기만 해도 어머니는 좋아서 어쩔 줄 모른다. 아이는 집안의 즐거움이고 인기 스타이다. 아이들은 이 시기에 이런 대우를 받아야 한다.

이런 대우에 대한 욕구를 자기애적 욕구라고 한다. '내가 최고야' 라는 욕구다. 이 욕구가 충족되면 아이는 잘난 체할 필요를 느끼지 않는 원만한 성격으로 자라난다. 하지만 이 욕구가 채워지지 못했을 경우 그 배고픔이 무의식에 남는다. '잘난 체하는 아이' 가 마음속에 등장하게 된다. 그래서 성인이 된 후에도 남의 인정과 칭찬을 받아 그 공허한 자리를 메우려 한다. 칭찬받지 못한 마음속 아이가 끊임없이 칭찬의 말을 찾아 헤매는 것이다. 어느 모임에 가든 자기가 좌중을 압도하며 대화를 이끌어 나가야 직성이 풀린다. 인기를 독점해야 하고 좋은 것은 무엇이나 자기가 소유해야 한다.

이런 사람이 회사의 중견 간부로 있을 경우 문제는 복잡해진다. 인기 있는 일은 자기가 하고 이권이 생기는 일도 자기가 다 한다. 부하의 아이디어도 자기 것인 양 올린다. 그래서 상처받고 직장을 떠나는 아까운 사람들이 많다. 그러나 그는 떠나는 사람을 배신자로 본다. 세상에 널린 게 인재라고 말하며 사람을 아낄 줄 모른다.

이렇게 모든 특권을 누려 보아도 마음은 만족스럽지 못하다. 그래서 이런 사람들은 우울하다. 화려한 경력을 가졌고 겉으로는 자신감이 넘쳐 보이지만 내면은 공허하고 괴롭다. 그래서 그들은 더욱 권력과 돈, 인기를 얻으려 한다. 심리적인 해결이 없는 이런 노력은 공허하다. 그는 점점 더 외로워지고 나이 들어 힘이 없어지면 위기에 빠진다. 위기가 오기 전에 '잘난 체하는 마음속의 아이'를 발견해야 한다. 잘난 체하지 않아도 자기는 자기 값을 지니고 있다는 것을 마음속의 아이가 깨달아야 한다.

다른 사람보다 높은 지위에 있다면 부하 직원들의 기분도 살필 줄 알아야 한다. 내 권리가 소중한 것처럼 그들에게도 권리가 있다. 그것을 존중해 주어야 한다. 그때부터 정적인 인간관계가 시작된다. 그리고 이런 인정 있는 사귐이 있을 때 사람은 행복해진다. 행복은 높은 데 있는 것이 아니고 서로의 가치를 인정해 주는 평지에 있다.

조급한 아이

30대 직장 여성인 그녀의 별명은 '총알'이다. 총알처럼 날아다닌다고 해서 붙여진 이름이다. 그녀는 느긋하게 걷는 법이 없다. 그녀가 걷는 것을 보면 '걷고 있다'기보다는 '뛰고 있다'가 더 어울리는 표현이다. 가정에서는 초등학생인 아이들 뒤치다꺼리에 남편 수발을 해야 한다. 그리고 직장으로 달려가면 잘난 체하는 남성들이 눈꼴사납다. 그녀가 가장 못 견디는 말은 "여자들은 하는 수 없어"라는 여성을 비하하는 말이다. 남자 직원들에게 지지 않기 위해 그녀는 전력투구해서 모든 일을 거의 완벽하게 해낸다. 윗사람들은 그녀를 보배라고 칭찬한다. 그래서 그녀는 더욱 바쁘게 살 수밖에 없다. 총알처럼 날아다녀도 시간이 부족하다. 늘 마음이 조급하고 할 일은 파도처럼 밀려오고 또 밀려온다.

그녀는 말하는 속도도 총알이다. 자기만 말을 빨리하는 것이 아니라 상대방도 빨리 결론을 말해 주기를 바란다. 그래서 상대가 더듬거리면 자신이 대신 말해 버린다.

"그러니까 이러이러하다는 말씀이지요?"

자신의 속도와 맞지 않으면 조급증이 일어나 숨이 막히려 한다. 그녀의 조급증은 운전할 때도 여지없이 모습을 드러낸다. 끼어들기에다 과속이 다반사다. 고속도로에서는 자기 앞으로 차가 끼어드는 것을 참지 못하고 추월하고야 만다. 1분이라도 빨리 갈 수만 있다면 그녀는 모든 위험을 무릅쓴다. 그러다가 싸우기도 많이 했다.

집에서는 아이들과 차분히 놀아 줄 시간도 없다. 애들에게 무조건 지시하고 확인하는 식이다. 애들이 자기 말대로 따라오지 않으면 화가 치민다. 남편에게도 자기 할 말만 한다. 가족들은 이런 그녀가 정말 피곤하다. 아이들은 엄마가 직장

에 나가는 걸 더 좋아한다. 함께 있으면 잔소리가 그치지 않기 때문이다.

직장에서도 그녀는 속사포처럼 자기 말만 해댄다. 남의 말을 가로채기 일쑤이고 굳이 속도를 내지 않아도 될 일도 빨리 처리해야 직성이 풀린다. 늘 동시에 두 가지 일을 한다. 먹으면서 일하고, 전화를 걸면서 보고서를 쓴다. 관계부서 사람들은 그녀에 대한 불만이 엄청나다. 자기 일을 빨리 처리해 주지 않는다고 불평하고 재촉해대는 그녀 때문에 피곤하기 짝이 없다. 하지만 그녀는 상사가 "이렇게 빨리해 왔어?" 하며 놀라는 모습이 은근히 기분 좋다. 빨리빨리 일을 처리하다 보니 자연히 맡게 되는 일도 많다. 느긋하게 일하는 동료들을 보면 부아가 치민다. 자기는 열심히 일하는데 남들은 놀면서 월급만 축내는 것같이 보이는 것이다.

그녀는 기다리는 걸 정말 못견딘다. 슈퍼마켓에서도 기다리지 못해 발을 동동 구른다. 눈치를 봐서 새치기를 해대는 그녀를 동네사람들이 좋게 볼 리 없다. 동네사람들과도 자주 트러블이 생긴다. 요즘은 건강도 좋지 않다. 가슴이 조이듯이 아프고 심장이 두근거리는 증세가 심해졌다. 병원에 가 봐야 한다고 생각하지만 그럴 시간이 없다.

　그녀의 어머니는 일등주의자였다. 하여 딸에게도 일등을, 완벽하기를 요구했다. 어머니가 늘 강조하던 것이 시간 관리였다. 시간을 정해 놓고 그 시간을 어기면 어머니는 심하게 꾸중을 했다. 시간 지키는 것이 어릴 적 최대의 과제였다. 그래서 그녀는 지금도 시계가 없으면 불안하다. 그녀의 사무실에는 대여섯 개의 시계가 있다. 집에도 구석구석에 시계가 있다. '마음속의 조급한 아이'는 재촉하는 어머니의 음성을 도처에서 듣는다.

　"빨리 해라. 그렇게 느려가지고 어쩌려고 그러니?"

　남보다 앞서 달려야 했던 그녀는 늘 자신을 채찍질했다. 더 빨리, 더 멀리 전속력으로 달리다 보니 이제는 브레이크가 고장 나 버린 느낌이다.

　정신의학에서는 이런 성격을 '타입 A' 성격이라 부른다. 성질이 급하고 참을성이 없다. 벌컥 벌컥 화를 잘 낸다. 야심 차고 욕심이 많다. 지고는 못사는 성격이다. 이런 사람들은 사회적으로 성공한다. 부지런히 뛰기 때문이다. 그러나 40대 이후를 조심해야 한다. 심근경색이 잘 오기 때문이다. 돌연사의 위험이 높다. 총알부인도 가슴의 통증을 호소했다.

앞에 소개한 우리의 휴도 '타입 A' 성격이었다. 그의 내면세계에는 독촉하는 아버지가 있었다. 이렇게 조급증인 사람들의 내면을 들여다보면 완벽주의가 있다. 무슨 일이든 완벽하게 해야 한다. 자기 나름대로 세워 놓은 완벽한 기준이 있다. 거기까지 도달하지 못하면 불안하다. 매사의 완성도를 완벽한 수준까지 높여야 하기 때문에 시간이 늘 부족하다.

이런 사람들은 완벽하지 않은 것은 나쁜 것이고 잘못된 것이라는 생각을 가지고 있다. 완벽하지 않은 상태로 일을 끝마치려 하면 내면의 엄마가 비난하는 소리가 들린다.

"그것도 일이라고 했니? 뭐 하나 제대로 하는 게 없구나!"

이런 엄마의 비난하는 소리로부터 벗어나기 위해 자신에게 늘 완벽할 것을 강요하며 사는 것이다. 아마 총알부인의 어머니도 완벽주의자 부모 밑에서 조급증에 시달렸을지 모른다.

⚬ᴗᴗ⚬

자신의 단점과 부족한 부분을 편안하게 받아들일 수 있어야 성숙한 사람이다. 총알부인은 자신의 단점을 단점으로 인정하는 것이 죽기보다 싫은 일이었다. 어렸을 때는 그것을 인정하는 것이 엄마의 사랑을 잃는 것이라 생각해 죽을 것 같은 기분이 들었다.

　　성인이 되어서는 자신의 부족함을 인정하는 것이 그동안 자신이 쌓아 온 모든 것 즉, 자신의 정체성이 무너지는 일이라 여겼다. 마치 자신이 부족하다는 것을 시인하면 낭떠러지로 떨어지는 것만 같았다. 그러나 그 낭떠러지 밑은 보는 사람에 따라 죽음의 계곡일 수도 있지만 휴식을 취할 수 있는 풀밭일 수도 있는 것이다. 이미 많은 사람들이 그곳에 떨어져 봤고 조금씩 쉰 뒤에 다시 자신의 길을 찾아갔다.

　　주변을 돌아보자. 세상에 단점 없는 사람이 어디 있는가? 인생에 완벽이란 있을 수 없다. 사람은 완벽하지 않아도 사랑 받을 수 있다. 총알부인은 완벽하지 않은 사람은 자신도 남도 사랑하기 힘들었다. 모든 것을 다 할 수 있다면, 또 모든 것을 잘할 수 있다면 그것은 인간이 아니라 신이다. 때로 잘하기도 하고 못하기도 하는 것이 인간이고, 잘못을 딛고 일어나 전진하며 사는 것이 인간이라는 것을 깨닫는 게 바로 조급한 아이에게서 벗어나는 길이다.

나를 세상의 많은 사람 가운데 부족한 한 인간으로 받아들일 수 있어야 한다. 모든 것이 내 생각처럼 완벽하지 못해도 행복할 수 있는 것이다. 그러니 완벽하기 위해 그리 종종걸음치치 말자. '안단테 칸타빌레(천천히 걷는 속도로)'. 총알부인은 삶의 속도를 조금 늦추어야 한다. 일은 해치워야 하는 어떤 것이 아니라, 일을 하는 과정에서 몰입의 즐거움도 누리고 그 과정에서 만나는 사람과 관계도 가지는 그런 것이다. 일은 결과도 중요하지만 과정도 중요하다. 사람은 '한 번에 한 가지씩' 일을 하는 것이 자연스러운 존재이다. 눈높이를 조금만 낮춰 보자. 자유로운 휴식의 세계가 열린다.

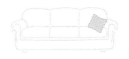

외로움에 시달리는 아이

30대 부인이 우울증으로 치료받고 있었다. 세상 모든 일이 귀찮고 싫다고 했다. 외롭고 슬프고 잠도 안 오고 식욕도 없었다. 알 수 없는 슬픔이 몰려와 하염없이 눈물이 흘러내렸다. 남편은 가정적인 변호사이고 아이들도 건강하게 잘 자라고 있었다. 부인도 자기가 환경적으로는 우울할 이유가 전혀 없다고 했다. 그런데 마음은 슬프고 외로웠다. 특히 눈 내리는 날은 견디기 힘들었다. 외로움과 두려움이 눈사태처럼 밀려오기 때문이다.

부인의 마음속에는 '외로운 아이'가 있었다. 다섯 살 때 부인의 어머니는 부인을 시골 친정으로 보냈다. 부인은 그곳에서 기억에 각인되는 두려움과 외로움을 경험했다. 어느 겨울 낮이었다. 잠에서 깨어 보니 집에 아무도 없었다. 두려웠다. 마당 건너 삼촌 방으로 가려 했다. 그런데 마당에 있는 닭이 무서워서 갈 수가 없었다. 닭이 무서울 정도로 그녀는 작았다. "외할머니는 어디 간 거야?" 하며 발만 동동거렸다. 어린 소녀는 무서워서 소리도 내지 못하고 울었다. 그날 함박눈이 내리고 있었다. 신발에 눈이 쌓였다. 하여 눈만 내리면 '외로운 아이'가 무의식을 뚫고 나온다. 두려움과 외로움은 눈 내리는 날 외갓집에서 느꼈던 그 감정이었다.

　　부인처럼 외로운 사람은 다정한 이웃을 만들어야 한다. 너무 자존심을 세우지 말고 이웃을 향해 마음을 열 필요가 있다. 집에 초대도 하고 맛있는 김치도 나누어 줄 일이다. 성경에 "심은 대로 거둔다"는 말씀이 있다. 이웃에게 사랑을 심으면 사랑이 돌아온다. 무관심을 심으면 무관심이 돌아올 것이다. 도시인들은 이웃과 단절된 생활을 하고 있다. 한국의 도시인들은 수년간 이웃에 살았어도 옆 집 애가 몇이고 남편이 뭐

하는 사람인지도 모른다.

　얼마 전에 본 텔레비전 광고가 기억에 남는다. 젊은 여성이 밤길을 걷고 있었다. 한 남자가 뒤따라왔다. 그녀는 두려워서 도망치듯 아파트에 도착했다. 그 남자는 아파트까지 따라왔다. 그런데 알고 보니 그 남자 집이 바로 그녀의 옆집이었다. 이웃을 치한으로 오해했던 것이다. 단절된 인간관계가 도시 생활의 특징이다. 그래서 외로운 사람들이 많아졌다. 마음을 열고 먼저 인사해 보자. "안녕하십니까. 넥타이가 아주 멋있습니다." 간단한 인사만으로도 마음이 따뜻해질 수 있다.

　외로움은 현대사회에서 가장 큰 어려움을 일으키는 주제이다. 외로운 사람은 병에도 잘 걸리고 회복도 더디다. 외로움에서 벗어나기 위해선 역설적이지만 자신을 바라보던 눈을, 주변으로 돌려야 한다. 자신만 바라보면 '나만 이렇게 외로워, 아무도 날 찾지 않아', '남들이 나를 버리고 있어' 라며 피해의식에 사로잡히게 된다. 아마 많은 사람들이 이렇게 생각하며 살아갈 것이다. 외로움에 지친 당신이 누군가의 생각 속에서는 그들을 버리는 존재가 될 수도 있다.

그러니 나의 외로움을 곱씹으며 힘들게 하던 시선을 주변으로 옮겨 보자. 정작 당신은 너무 외로워 아무것도 할 수 없는 것처럼 느껴도, 당신 주변에는 당신의 따뜻한 말이나 손길을 기다리는 사람들이 있다. 그들은 가족일 수도, 그동안 연락이 뜸했던 친구일 수도, 매일 보는 회사 동료일 수도 있다. 돈이 드는 것도 수고가 드는 것도 아니다. 따뜻한 말 한 마디, 미소가 당신을 그 외로움의 감옥에서 나오게 하는 첫 걸음이 될 수도 있다.

두 얼굴을 가진 아이

어느 금융회사 인사부서에서 기구 축소로 정리해고 대상을 심사하고 있었다. 그 가운데 결정을 내리기 힘든 직원이 한 명 있었다. 손 계장이었다. 이 사람에 대한 이전 상사와 현재 상사의 평가가 너무 판이했기 때문이다. 현재의 상사는 무조건 해고 대상이라고 했다. 너무나 게으르고 무능한데다 태도가 몹시 불손하다고 했다. 하지만 이전 상사는 그를 매우 부지런하고 성실하며 유능하고 예의바른 전형적 금융인이라고 칭찬했다. 이런 평가는 손 계장의 성격에서 나온 것이었다.

그의 내면세계에는 두 엄마 이미지, 즉 좋은 엄마와 나쁜 엄마가 한 엄마로 합쳐지지 않고, 분리된 채로 남아 있는 아이가 있었다. 현 상사에게는 나쁜 엄마 이미지를 투사했다. 그래서 그에게 현 상사는 나쁜 인간으로 보여 함부로 대했고 현 상사는 손 계장을 몹쓸 사람으로 여기고 있었다. 반면, 전 상사에게는 좋은 엄마 이미지를 투사했다. 그래서 전 상사에게 손 계장이 그렇게 좋은 사람으로 보였던 것이다. 정신분석에서는 이런 현상을 '분리(splitting)'라 한다. 무의식에서 진행되기 때문에 당사자들은 자기들이 어떤 이유로 이런 감정을 느끼는지 모른다.

손 계장 같은 사람은 대인관계를 늘 이런 식으로 한다. 세상을 이분법으로 나누어 본다. 좋은 엄마 이미지를 투사한 좋은 사람과 나쁜 엄마 이미지를 투사한 나쁜 사람으로 나누는 것이다. 손 계장은 친구들도 이등분해서 대했다. 좋은 친구에게는 한없이 좋은 친구로 불렸다. 하지만 마음에 들지 않는 친구들은 그를 '죽일 놈'이라고 했다. 직장생활에서도 그는 그런 행동 양상을 반복했다. 마음에 들지 않는 상사에게는 불손하기 짝이 없는 태도로 사사건건 대들었고, 의도적으로 일을 지연하여 약을 올렸다. 그러나 마음이 통하는 상사에게는 마음을 다해 충성했다. 이런 태도 때문에 그에 대한 평판이 둘로 갈렸던 것이다.

손 계장의 어머니는 쌀쌀맞고 변덕이 죽 끓듯하여 예측이 불가능한 사람이었다. 손 계장이 어렸을 때 그녀는 손 계장을 예뻐할 때는 굉장히 예뻐했다가 자기 말을 듣지 않으면 혹독하게 벌을 주었다. 좋을 때와 나쁠 때가 너무 큰 차이가 있었다. 좋은 엄마와 나쁜 엄마가 너무 달랐다. 이것이 손 계장이 분리된 두 종류의 엄마 이미지를 갖게 된 이유였다. 마가렛 말러라는 정신의학자가 어린이와 어머니의 관계를 관찰해 밝혀 낸 사실이다. 손 계장은 이것 아니면 저것으로 세상을 구분하는 이분법적인 흑백논리를 가지고 있다. 좋은 엄마와 나쁜 엄마의 차이가 너무 심해 그것을 하나의 엄마로 통합시킬 수 없었던 것이다. 그러나 좋은 엄마도 나쁜 엄마도 모두 하나의 엄마이다. 손 계장은 좋은 것 안에도 나쁜 것이 있고 나쁜 것 안에도 좋은 것이 있을 수 있다는 것을 알아야 한다. 한 사람 안에 좋은 점과 나쁜 점, 한 사건 안에 좋은 점과 나쁜 점이 있다는 것을 받아들일 수 있어야 성숙한 것이다.

또한 손 계장에게는 인내심이 필요하다. 나쁜 엄마는 잘라내고, 좋은 엄마만 받아들이는 태도가 손 계장을 인내하지 못하게 만든다. 상대가 좀 섭섭하게 하더라도 관계를 싹둑 잘라 버리는 행동은 참아야 한다. 일시적으로 섭섭하게 한 사람도 지내 놓고 보면 다시 좋아지는 것이 인간관계다. 비위가 상할 때 잘라 버리는 것만이 정직한 것이 아니다. 참아 주고 기다려 주는 것이 성숙한 인간관계이다.

지금까지 우리가 만난 사람들은 유년기 감정에 지배당하고 있는 또 다른 휴라고 할 수 있다. 당신은 어느 휴와 닮았는가? 당신 '마음속의 아이'는 어느 아이인가 한번 생각해 보자. 자신 안에 있는 아이가 드러나기 시작하면 마음이 불편해질 수도 있다. 잊었던 기억이 되살아나면서 당시의 상처가 드러나고 직면하기 힘들었던 마음의 고통이 떠오르기 때문이다. 이미 극복했다고 생각한 열등감이 드러나기도 하고, 잊었던 질투의 감정이 되살아나기도, 새삼스레 자신에게 상처를 주었던 사람들이 원망스러워지기도 한다. 특히 이미 다 늙으신 부모가 원망스러워지기도 한다. '어떻게 나에게 그럴 수가 있었지? 부모가 자식에게 그렇게 상처를 주다니. 그렇게 차별대우

하고, 비수 같은 말들로 주눅 들게 하고 절망하게 만들다니.'

저 깊은 곳의 고통이 되살아나면서 분노를 느끼게 된다. 그러면서 현실의 부모, 혹은 어린 시절 상처를 주었던 사람들과 갈등을 겪을 수도 있다. 마음속의 아이가 현실로 되살아나는 것이다. 마음의 쉼을 얻고 싶어 시작했던 여정이 잠잠하던 바다를 격랑의 파도로 휩쓸어 버린다. 그러나 너무 걱정하지 말기 바란다. 당신은 제대로 된 길로 들어섰다. 누구나 마음속의 아이를 만나면 겪는 과정이다. 과거가 되살아나 마치 현실인 듯 마음이 고통스러워도, 그것은 실제 현실이 아니다. 그러니 고통으로부터 도망가지 말고 직면하기 바란다. 그 고통이 현실적인 것이 아니라는 생각을 한다면 자신을 좀 더 객관적으로 바라볼 수 있을 것이다. 자신의 마음을 들여다보며, 나를 발목 잡고 있던 어린아이가 무엇인지 계속 생각해 보라. 그 아이가 어떤 아이였는지 아는 것만으로도 당신은 이미 치유의 길로 들어 선 것이다. 사람이나, 일이나 문제가 있긴 한데 무엇이 문제인지 모를 때가 위험한 것이다. 무엇이 잘못되었는지, 왜 잘못되었는지 안다면 그것은 이미 문제 해결의 길로 들어선 것이다. 당신은 이미 큰 산을 하나 넘었다.

3부

세상의
'휴' 들에게

– 어떻게 마음의 짐을 벗고
자유로워질 수 있는가

휴,

에너지가 넘치게 되다

비가 내리는 어느 날이었다. 그날도 저녁 7시에 만난 또 다른 휴 때문에 퇴근이 늦어졌다. 막 진료실 문을 나서는데 대기실에 낯익은 얼굴이 있었다. 휴였다. 환하게 웃는 걸 보니 무슨 좋은 일이 있지 싶었다. 언제나 그랬던 것처럼 나는 휴를 진료실로 안내했다. 휴가 입을 열었다.

"저, 승진했어요!"

휴는 그날 부사장으로 인사발령이 났다고 했다. 그래서 가족보다 먼저 내게 알리고 싶어 달려 왔다고 했다.

"축하합니다, 높아지셨군요."

"아니요, 더 낮아져야죠. 정말 좋은 상사가 되고 싶어요."

"그래야겠지요."

"다 박사님 덕분이에요. 정말 감사드려요. 박사님의 도움이 없었다면…."

"난 그저 이야기를 들어 주었을 뿐인걸요 뭐."

"바로 그거예요. 관심을 갖고 들어 주신 게 큰 도움이 되었어요."

휴는 과거를 회상하듯 이야기했다.

"예전에는 실력이 있어야, 남을 딛고 일어서야 내가 높은 자리에 올라가는 줄 알았어요. 그래서 늘 조급했어요."

"그랬군요. 높은 자리를 차지하기 위해 조급했군요."

"네. 명예와 부가 따라 오는 높은 자리를 차지하는 것이 성공이라 생각했죠. 성공하면 마음도 편해지고 행복해질 줄 알았어요. 그런데 그게 아니었어요. 저는 돈도 벌었고 동창들이 부러워할 만큼 높은 자리에도 올랐지만 제 마음은 불행했어요. 겉으로는 큰소리쳤지만 속으로는 우울하고 행복하지 못했어요. 박사님이 말씀하신 마음속의 아이 때문이었지요. 그 아이는 늘 저를 채찍질했어요. 늘 우울하고 초조하게 남의 눈치를 보고 있었어요. 그 아이가 제 마음의 세계를 지배하고 있었어요. 아직 완전한 것은 아니지만 제 마음속에서 그 아이를 발견한 것만으로도 마음이 아주 편해졌어요. 신기할 정도로요. 신기하다고밖에 설명할 수 없겠어요. 제 인생이 달라졌어요. 행복에 대한 생각도 달라졌고요. 진정한 행복이란 심리적인 자유에서 오는 것이더라고요."

휴는 요즘 아내를 따라 교회에 나가고 있다고 했다. 서로 배려하고 도와 가며 신앙의 성숙을 돕는 교회공동체 안에서 많은 것을 배우고 있다고 했다.

"저희 회사 조직도 공동체처럼 운영하면 좋겠다는 생각이 들었어요."

나는 휴의 관심이 이웃을 배려하는 데까지 확장된 것을 확인할 수 있었다. 정신분석 치료가 잘되면 환자들은 마음의 여유를 찾는다. 불필요하게 낭비되던 정신 에너지가 회복되기 때문이다. 이때 환자들은 '마음이 가벼워져 날아갈 것만 같다'고 한다. 의욕이 넘치고 이웃을 배려하게 된다. 늘 피곤을 느끼던 사람이 피곤을 덜 느끼게 된다. 밤새워 일을 해도 피곤을 느끼지 않게 된 사람도 있다. 마음속의 갈등으로 소모되던 에너지가 회복되기 때문이다.

정신분석학의 창시자 프로이트는 인간에게는 일정량의 정신 에너지가 있다고 했다. 그것은 마치 국가의 통화량과 같다. 지하 경제가 돈을 많이 가져가 버리면 생산적인 투자를 할 수 없고 국가는 가난해진다. 마찬가지로 무의식에서 정신 에너지를 많이 소모할수록 생산성이 떨어진다. 주의 집중력이 떨어지기 때문에 기억력이 약해지고 학생은 성적이 떨어진다. 건망증도 심해진다. 의욕이 없고 만사가 힘들고 귀찮게 느껴진다. 쉬어도 피곤이 풀리지 않는다. 휴일에 하루 종일 잠을 자도 다음날이면 역시 피곤해서 일어나기가 힘들다. 건강 체크를 해 보아도 이상은 없다. 이해할 수 없는 무기력증이다. 이런 증상은 모두 정신 에너지의 고갈에서 온다. 치료는 정신 에너지의 회복이다. 정신 에너지를 소모시키고 있는 인자를 제거하는 것이다. 그때 에너지가 자아의 영역으로 풀려 나온다. 예를 들어 보자.

어느 날 젊은 부인이 여고 동창생의 전화를 받았다. 그녀는 충격적인 정보를 들려 주었다. 남편이 여대생으로 보이는 젊은 여성과 호텔에서 나오는 것을 방금 보았다는 것이다. 예사 사이가 아닌 것 같다며 잘 감시하라는 충고까지 덧붙였다. 그 전화를 받은 후 부인의 마음이 복잡해졌다. '그이가 그럴 리가 없어' 하고 믿는 마음이 들다가도 '남자들은 다 그런다던데 그럴지도 몰라' 하는 의심이 뒤따라 올라왔다. 저녁 무렵 부인은 지쳐 버렸다. 일이 손에 잡히지 않았다. 저녁 준비도 할 수 없었다. 눈치 없는 초등학생 딸이 엄마를 불렀다.

"엄마, 내일 학부형 회의 있대. 엄마 오시라고 했어."

짜증이 났다. 그래서 쏘아붙였다.

"그놈의 학교는 회의도 자주 한다. 엄마 바빠서 못 가!"

귀가한 남편의 얼굴을 마주 볼 수가 없었다. 밤새 잠도 설쳤다. 다음날 아침, 남편이 출근하고 혼자 생각에 잠겨 있는데 친정 여동생이 놀러 왔다. 대학생인 여동생은 집에 들어서자마자 자랑하듯 떠들어댔다.

"언니, 어제 형부가 점심 사 주셨다. 비싼 호텔 레스토랑에서."

"호텔?"

시간과 장소를 알아보니 어제 친구가 호텔 앞에서 목격

한 여대생은 친정 동생이었다. 친구가 오해한 것이다. '오해였구나. 그럼 그렇지, 내 남편이 그럴 리가 없지.' 그 순간 부인의 마음은 날아갈 것만 같았다. 의욕이 회복되었다. 그리곤 '아참, 학부형 회의에 가야지' 하고 학교로 달려갔다. 이런 변화는 부인의 심리 내면에서 에너지가 회복되었기 때문에 일어난 것이다. 여대생 문제가 붙들고 있던 정신 에너지가 풀려 나온 것이다.

휴의 경우 마음속의 아이가 많은 에너지를 소모하고 있었다. 그 아이가 쓰고 있던 에너지가 회수된 것 같았다. 의욕이 생기고 이웃을 배려하는 여유가 생겼다. 휴와 마지막 상담을 하던 날, 자신을 괴롭히던 문제에서 벗어난 휴는, 자신과 같이 내면의 어린아이 때문에 고통 받는 사람들도 자신이 누렸던 해방감을 누릴 수 있으면 좋을 것이라고 했다.

"제가 저를 누르던 문제에서 벗어나고 보니, 다른 사람들도 각자 자기 몫의 어린아이로 고민하고 있을 수도 있다는 생각이 들었습니다. 주변 사람들을 그런 시각으로 볼 수 있게 되니 그들에게 잘해 주고 싶은 마음이 들더군요. 그리고 그들도 저처럼 자신 안의 어린아이를 알게 되어 자유로워지면 좋겠습니다."

　　나는 휴에게 자신과 다른 사람과의 관계를 상징적으로
보여 주는 사례를 하나 얘기해 주었다.

　　"이런 얘기를 들은 적이 있어요. 어떤 의사가 사랑하는
아내가 죽은 후 깊은 절망감으로 우울증에 걸리더니 하지 마
비 증세까지 앓게 되었대요. 삶의 의욕을 잃어버린 그는 틈만
나면 자살을 하려 들었지요. 가족들은 그를 지키기 위해 24시
간 교대로 감시하고 보살필 간호사를 고용했어요. 어느 여름
날 의사는 간호사와 함께 바닷가에 산책을 나갔대요. 의사는
간호사에게 바닷바람을 쐬기 좋은 바위 쪽으로 데려다 달라고
했어요. 자기는 거기서 쉬고 있을 테니 수영을 즐기라고 했죠.
간호사가 수영을 즐기는 사이에 의사는 휠체어를 탄 채 바다
로 뛰어내릴 작정을 했어요. 자살하려고 한 거죠. 바로 그때
바위 아래서 비명소리가 들렸어요. 수영을 하던 간호사가 위
험에 빠진 거예요. 의사는 휠체어를 박차고 일어나 바다로 뛰
어들었어요. 간호사를 구하려고요. 그리고 간호사를 끌고 모
래사장까지 헤엄쳐 나왔어요. 그때 의사는 우울증과 마비 증
세에서 벗어난 자기를 발견했어요. 그리고는 자살을 '살자'로

바꾸게 되었지요. 이렇게 남을 살리는 것이 곧 나를 살리는 길이 될 수 있어요."

잠시 깊은 생각에 잠긴 듯했던 휴가 말문을 열었다.

"이전에 남을 살리는 것이 곧 나를 살리는 길이라는 말을 들을 때는 시대에 뒤떨어진 공자 왈 맹자 왈이라 생각했는데, 살면서 보니 그 말이 사실인 것 같습니다. 남에게 도움을 주는 사람들이 되려 많은 것을 얻으며, 행복하게 사는 것 같습니다. 이번의 권고사직 사건이 제로섬 게임에 익숙해 있던 제게 윈윈 게임을 가르쳐 주는 좋은 기회였던 것 같습니다. 늘 더 움켜쥐고, 더 높이 올라가야 한다는 생각에 사로잡혀 다른 사람들을 수단이나 적(敵), 혹은 저를 위한 박수부대로 보았습니다. 인간관계에서가 아니라 일로서 만족을 얻을 수 있을 거라 생각했지요. 그런 생각이 결국 일도 인간관계도 힘들게 했고 저도 남도 불행하게 했습니다. 진작 이런 것을 알았더라면 좀 더 행복하게 살 수 있었을 거란 생각이 듭니다."

"지금이 김 이사에겐 최적기일 겁니다. 김 이사는 참 좋은 학생이니 앞으로 김 이사를 통해 행복해질 사람이 많을 것 같습니다."

"이런 진리를 모르고 힘겹게 살았던 지난 세월을 보상하기 위해서라도 제 자신을 더 행복하게, 그리고 다른 사람들도 행복해지도록 열심히 노력하겠습니다."

용기와 확신에 찬 목소리였다. 처음 만나던 날 그 자신감 뒤로 보이던 그늘 밑 아이는 온데간데없었다. 그는 이제 정말 어른이 되었다. 내가 손을 내밀었다. 휴는 힘을 주어 손을 잡았다. 정말 유쾌하고 기분 좋은 악수였다.

나를 만드는 관계

모든 인간에게는 나름대로의 기질과 성격이 있다. 인간의 성격은 타고나는 것일까, 아니면 후천적으로 형성되는 것일까? 대부분의 학자들이 후천적이라는 데 동의한다. 물론 아이들에게는 타고난 기질도 있다. 어떤 아이들은 스트레스를 잘 소화해 내는 능력을 가지고 태어나기도 한다. 100이라는 자극이 가도 20으로 받아들이는 아이가 있는가 하면 120으로 받아들이는 아이도 있다.

　대개의 영장류들은 유전인자의 명령대로 기질이 형성

되고 행동이 반복된다. 하지만 유독 인간의 경우는 대뇌피질의 발달로 놀라운 학습능력을 갖추고 있다. 어떤 독특한 유전인자를 갖추고 있더라도 후천적 경험과 학습에 의해 마음의 현상이 달라질 수 있고 전혀 다른 행동양상으로 표현될 수 있다. 결론적으로 인간의 기질은 성장 과정에서 쌓이는 개인의 내적 경험에 의해 달라질 수 있다. 후천적 경험에 더 큰 비중을 둔다는 것이다.

인간의 성장은 주로 '관계' 속에서 이루어진다. 사람은 '관계'와 함께 나이를 먹어 가는 것이다. 사람에게는 다섯 종류의 나이가 있다. 달력이 한 장씩 넘어갈 때마다 먹는 '달력 나이', 결혼할 나이 등과 같은 '사회적 나이', 노인인데 체력이 20대 같다 하는 '신체적 나이', 스스로 느끼는 '자각적 나이', 그리고 가장 중요한 '심리적 나이'가 있다. 심리적 나이란 '나잇값'을 하는 나이다. 나이만 먹었다고 어른이 아니라 나잇값을 해야 어른이 되는 것이다. 모든 정신질환의 증상은 어른이 나이에 맞지 않게 아이같이 느끼고 행동하는 것이다.

내 환자 중에 정신분열증에 걸린 육군 소령이 있었다. 그는 피해망상에 시달리고 있었는데, 주로 까치와 이야기를 했다. 당시 정신병동 주위에는 까치가 살고 있었다. 까치가 자기 마음을 알아준다고 감격해서 흐느껴 울기도 했다. 유치원생이 이런 말을 한다면 그건 정상이다. 애들은 동화 속에서 새들과 이야기한다. 그러나 나이 사십 줄에 들어 선 어른이 동화 같은 이야기를 하면 그건 정신병 증상이 된다.

그러면 나잇값을 하는 것은 어떤 것인가. 예를 들면 이런 것이다. 중1쯤 돼 보이는 소녀가 시내버스에서 껌을 팔고 있었다.

"저는 병든 어머니와 가난한 생활을 하고 있습니다. 학비를 벌기 위해 껌을 팔고 있습니다. 한 통에 300원입니다. 한 통씩만 사 주시면 감사하겠습니다."

여기까지는 늘 볼 수 있는, 동정심을 이용해 이익을 남기는 껌팔이 소녀였다. 그런데 한 가지 사건(?)이 일어났다. 한 신사가 소녀에게 1000원짜리를 주었다. 그러자 소녀는 700원을 거슬러 주었다. 신사는 "돈을 거슬러 주는 것을 보니 정직하구나. 나머지는 너 가져라." 했다. 그러나 소녀는 그 돈을 거절했다.

"선생님, 저는 지금 구걸하는 것이 아닙니다. 학비를 벌기 위해 장사를 하고 있습니다."

그 순간 버스 안의 분위기가 달라졌다. 여기저기서 껌을 사겠다고 소녀를 불렀다. 껌은 순식간에 다 팔렸다. 이런 소녀의 행동은 나이에 맞고 건강하다. 자식을 이렇게 키운 부모는 성공한 부모라 할 수 있다. 그러면 나이를 제 값으로 먹게도 하고, 모자란 채 성장을 멈추게도 하는 것은 무엇인가? 그것은 바로 우리가 태어나서부터 맺는 인간관계들이다. 인간은 태어나서부터 여러 가지 인간관계 속에서 성장한다. 그 관계들을 통해 상처도 받고, 상처를 치유 받기도 한다. 이제 사람을 성장하게 하는 관계들에 대해서 살펴 보기로 하자.

나를 만드는 관계

엄마는
아이에게 온 세상이다

사람의 성격에 최초로 영향을 미치는 관계는 어머니와의 관계이다. 어머니는 인격 성장에 결정적인 역할을 한다. 어머니는 어린 아이에게 온 세상과 다름없다. 이 시기에 어머니와 나눈 경험이 한 인간 성격의 핵이 된다. 유아기 때 안전한 어머니의 품을 경험하고 자란 아이들은 세상에 대해 안심하고 그것이 인격의 기초가 되어 세상과 다른 사람들에 대해 긍정적인 생각을 갖게 된다.

반면, 어머니의 보호를 받지 못한 아이는 생존의 위협

속에서 불안감을 키우게 되므로, 어머니가 든든히 지켜 준 아이와는 전혀 다른 심리적 환경 속에서 비뚤어진 성격으로 자라게 되는 것이다. 즉, 어머니의 보살핌을 잘 받고 자란 아이는 낙천적인 아이가 되지만 사랑 받지 못한 아이는 비관적인 아이가 된다.

긍정적인 아이 부정적인 아이

한 아이에게 높은 산 그림을 보여 주었다.

"이 산을 넘으면 무엇이 있을까?"

아이는 즐겁게 웃으며 대답했다.

"예쁜 꽃밭이 있고요, 과수원도 있고요, 토끼와 사슴도 놀고 있을 거예요."

다른 아이에게 같은 산 그림을 보여 주며 물었다.

"이 산을 넘으면 무엇이 있을까?"

아이는 두려운 듯 떨며 말했다.

"절벽이 있어요. 떨어져 죽어요. 귀신이 나오고요, 해골바가지도 있어요."

사랑을 받고 자란 아이는 세상과 미래에 대해 긍정적이

고 희망적이다. 세상은 안전하고 아이가 살아 볼 만한 무대이다. 그러나 천대 받고 자란 아이는 세상이 두렵고 위험하다. 앞날을 생각하면 두려움이 엄습해 올뿐이다.

유아기 때 어머니가 우울증에 빠지거나 중병을 앓는다거나 집안이 어려워져 스트레스를 받으면 아이를 제대로 돌봐 주지 못하고, 아이는 불안감을 가지고 성장하게 된다. 그렇게 성장한 아이는 세상에 호의적인 감정을 갖지 못하게 되고, 세상을 두려워하고 인간관계를 두려워하게 된다. 인간관계에서 정을 느끼지 못하고 남자관계가 복잡한 G양의 경우가 엄마의 보살핌을 받지 못한 전형적인 예이다.

G양은 스물두 살이다. 그녀는 술과 마약 때문에 학교에서 제적을 당했고, 남자관계가 복잡하다. 최근에 임신했으나 유산시켜 버렸다. G양의 문제는 누구에게도 정을 느낄 수 없다는 것이다. 그녀는 어떤 사람과도 오래 사귀지 못한다. 그녀는 이렇게 말한다.

"어떤 남성과 깊은 관계에 빠졌다고 해요. 처음에는 좋지요. 흥분되고 기대도 되고요. 그러나 차츰 형식적인 관계가 되고 말아요. 상대방이 원하는 대로 해 주어야 한다는 의무감이 쇠사슬처럼 저를 구속해요. 그때 저는 자유롭고 싶어져요. 그런 의무적인 관계를 벗어나고 싶고요. 어떻게 벗어나느냐고요? 사건을 만들어요. 상대방이 저에게 화를 내게 하지요. 그러면 저도 같이 화를 내고 헤어집니다. 헤어진 다음 느끼는 자유는 좋아요. 하지만 막상 그가 저를 떠나고 나면 저는 다시 견딜 수 없는 고독감 속에 빠지고 말아요.”

G양은 혼자 있는 것을 못 견딘다. 혼자 있을 수 있는 능력도 인격의 힘인데, G양은 고독을 참지 못한다. 그래서 누군가 옆에 같이 있어 줄 사람을 찾게 된다. 그러나 대인관계를 지속시키는 능력이 없으므로 친근한 관계는 곧 구속으로 느껴진다. 가까워질수록 상대방에게 먹혀 버릴 것 같은 위협을 느낀다. 정상적인 남녀는 관계가 깊어질수록 만족감을 얻는데, G양은 오히려 위협을 느끼고 달아날 구실을 찾는다.

“저에게 이상적인 관계는 두 달이에요. 그 정도면 구속받는 일이 없거든요. 두 달이 지나면 관계를 끝내 버리는데, 관계를 청산하고 나면 기분이 날아갈 듯 가벼워져요. 제가 딱 한 가지 신경 쓰는 것은 바꿀 수 있는 파트너가 있냐는 거예요. 그래야 고독에 빠지지 않거든요.”

G양에게 있어서 남자와의 사귐은 단지 고독을 해결하기 위한 일시적 방편에 불과하다. G양은 또 이렇게 말한다.

"제가 정말 복종하고 싶은 사람이 나타난다고 하더라도 그쪽에서 저 같은 여자를 받아 주지 않을 것 같아요."

G양은 자신감이 없다. 어느 곳에서 누구에게라도 떳떳이 자기를 주장할 수 있는 내적 확신이 없다. 그래서 더욱 불안하다. 자기 존재에 대한 확신이 없기 때문에 상대에게 구속될까 봐 초조하다. 대인관계가 지속성이 없는 것은 이런 이유 때문이다. 상대방이 나를 싫다고 버리기 전에 내가 먼저 그를 버릴 구실을 찾는 것이다.

이렇듯 정이 깊이 들지 못하는 근본적인 이유는 어린 시절의 경험에서 찾을 수 있다. 정신분석학자인 그린커는, 인생 초기의 모자관계에서 정을 느끼지 못했던 사람은 어른이 된 뒤에도 대인관계에서 정을 느끼지 못한다고 했다. '어머니 상(mother image)'을 찾아 헤매며 정을 그리워하면서도 막상 친밀한 관계가 되면 격심한 불안과 위험을 느끼고 달아나게 된다는 것이다. 그리고는 고독감 때문에 아파한다. 그래서 헤어지고 다시 새로운 대상을 찾지만 정을 느끼지 못하고 또 헤어진다. 어머니와 그런 정적(情的)인 관계를 가져 보지 못했기 때문이다. 이 남자에서 저 남자에게로 옮겨 다니는 것도 마음속의 아이가 어머니를 찾아 헤매 다니고 있는 것이라 할 수 있다. 슬픈 몸부림인 것이다.

인간의 인격 발달을 연구하는 학자들은 발달 과정 가운데 특정 시기를 중요시한다. 이 시기에 어떤 욕구의 충족이 안 되면 평생 그 욕구에 대한 굶주림을 갖게 된다는 것이다. 어린 시절 어머니의 사랑을 받지 못한 소녀는 적어도 어머니의 사랑이라는 욕구에 있어서는 굶주린 상태로 살게 된다는 것이다. 어머니 아닌 다른 사람의 사랑으로 이 배고픔을 채우려 노력해 보지만 실패를 거듭한다. 영원한 동화의 상징이 된『피터 팬』의 작가 제임스 M. 배리도 어머니의 사랑을 받고 싶었으나 받지못했던 그의 고통을 통해 세계적인 베스트셀러를 탄생시켰다. 다음은 동화『피터 팬』과 작가인 제임스 배리를 흥미롭게 해석한 정신과 의사 김혜남 원장의 글이다.

영국 런던에 살고 있던 웬디와 존, 마이클에게 어느 날 밤, 침실 창을 통해 피터 팬이 날아 들어온다. 피터 팬은 이들을 네버랜드로 데려간다. 네버랜드는 어린이들의 천국, 아무도 늙지 않는 꿈의 나라였다. 그곳에서 새로운 친구들과 함께 행복한 생활을 즐기던 웬디와 존, 마이클은 악당 후크 선장이 피터 팬을 괴롭힌다는 사실을 알고는 피터 팬을 돕기로 한다.

피터 팬과 싸우다가 왼쪽 팔을 잃은 후크 선장은 복수의 기회를 엿보던 중, 피터 팬과 웬디의 사이를 질투하는 요정 팅커벨을 꾀어 피터 팬의 본거지를 알아낸다. 웬디와 피터 팬 일행은 후크 선장의 배로 잡혀간다. 하지만 이들은 용감하게 후크 선장과 해적들을 무찌른다. 피터 팬은 후크 선장의 배를 타고 웬디와 동생들을 다시 런던의 집으로 데려다 준다.

불후의 명작 동화 『피터 팬』의 줄거리이다. 동화의 주인공 피터 팬은 '어린이들의 천국 네버랜드'에서 모험을 하며 사는 영원한 소년이다. 어른들의 사회에 적응하지 못하는 '어른아이'인 남성을 일컫는 '피터 팬 증후군'이란 용어는 이 동화 속 영원한 소년 '피터 팬'에서 유래했다.

동화 『피터 팬』이 탄생하게 된 배경에는 작가 배리가 겪은 어린

시절의 슬픈 경험이 있었다. 배리가 여섯 살 때의 일이다. 어머니가 가장 예뻐하던 둘째 형 데이비드가 스케이트 사고로 죽고 말았다. 이후 어머니는 깊은 슬픔에 빠진 나머지 다른 아이들은 안중에도 두지 않았다. 형의 죽음과 어머니의 사랑을 박탈당하는, 이중의 상실이었다.

어린 배리는 종종 어둠 속에서 등을 돌린 채 슬피 흐느끼는 어머니를 지켜봐야만 했다. 어느 날 어머니의 방에 들어갔을 때였다. 어머니는 "데이비드 너니?"라고 죽은 형의 이름을 불렀다. 배리가 "저예요"라고 대답하자 그의 어머니는 등을 돌린 채 다시 울기 시작했다. 배리는 강한 분노와 좌절을 느꼈고, 이후 어머니의 관심을 끌기 위해 죽은 형처럼 되려고 애를 썼다.

그런 노력에도 불구하고, 배리는 어머니가 가장 사랑하는 사람은 형이고 늘 형의 죽음을 슬퍼하고 있는 것을 느낄 수 있었다. 어머니는 슬픔에 묻혀 어머니 역할을 거의 하지 못했다. 어쩌다 배리에게 자신의 어릴 때 이야기를 들려 주곤 했는데 어머니가 여덟 살 때, 할머니가 돌아가셨다. 그후 어머니는 할아버지에게는 아내의 역할을 해드려야 했고, 다섯 살 위의 오빠에게는 어머니의 역할을 해야 했다. 작가 배리는 그 이야기를 아주 좋아했다. 그 '어린 소녀 엄마'의 이미지는 배리가 쓰는 책의 중요한 소재가 되었다.

어머니의 관심을 끌고 어머니를 슬픔 속에서 구해내기 위해 노력하던 어린 배리는 어른이 된 후에도 죽은 형의 역할을 벗어 던지지 못했다. 어른 배리는 행복하지 못했다. 왜소하고 우울하고 성적으로 무능한 어른이었다. 그럴수록 배리는 어머니의 웃는 모습을 보고 싶었다. 어머니가 웃어야 그는 행복해질 수 있었다. 어머니에게 죽은 형을 데려다 주고 싶었다. 이러한 갈등이 피터 팬이라는 동화를 만들게 했다. 피터 팬은 죽지 않는 소년이다. 피터 팬은 죽지 않는 데이비드 형이고 동시에 배리 자신이다.

배리가 어른이 된 후에도 어머니의 마음속에 있는 죽은 형 데이비드는 늘 13세의 소년이었다. 배리는 동화 속에서 그의 무의식에 있는 아이를 통해 "엄마, 형은 죽지 않았어요. 영원히 죽지 않아요. 그러니 이제 그만 슬퍼하시고 저를 사랑해 주세요"라고 말하고 있는 듯하다. 어른이 아니라 영원히 어머니의 사랑을 받는 소년이 되고 싶은 작가 배리가 '배리-피터-데이비드'를 만들어 낸 것이다. 그리고 마침내 동화 속에서 엄마를 차지한다. '작은 소녀 엄마인 웬디'를 차지하게 되는 것이다. 그러나 죽은 형 데이비드가 늘 가족의 밖에서 맴돌아야 했듯이 피터 팬 역시 가족의 창 밖에서 안을 들여다보는, 가족과 합칠 수 없는 존재로 그려져 있다. 작가 배리는 아이가 없었으며 가정생활에도 안주하지 못했다.

여섯 살 난 어린 소년이 형을 잃고 슬픔 속에 파묻힌 어머니로부터 감정적으로 버려지는 경험을 한다는 것은, 그리고 자기가 어머니에게 잃어버린 형을 대신할 수 없다는 것을 깨닫는다는 것은 매우 고통스러운 일이다. 이러한 이중의 상실을 애도하는 과정에서 배리는 다시는 버림 받지 않을 것이라는 믿음을 가지려고 애썼다. 그는 어른이 되는 대신 영원히 자라지 않는 어린 소년으로 남아 무능한 어른을 물리치고, 모든 것을 가능하게 하는 불멸의 존재가 되기를 원했던 것 같다. 그럼으로써 형의 죽음을 부정할 수 있었고, 어머니의 사랑을 되찾으려고 했다.

자식을 사랑하지 않는 부모가 어디 있을까마는 우울증에 빠진 어머니, 변덕이 심하고 신경질적인 어머니, 사랑 받지 못하고 자란 어머니, 정신병적인 어머니 등 정신적으로 어머니가 되기에는 아직 미숙한 어머니가 문제이다. 이런 어머니는 자식에게 한결같은 사랑을 주지 못한다. 자기의 기분에 따라 잘해 주다가도 혹독한 태도로 돌변한다. 자기 문제에 빠져서 자식과 지속적인 사랑의 관계를 갖지 못하는 것이다. 이때 어린아이는 두려움과 소외감을 느끼고 인격 내부에 결함을 갖게 된다. 사랑의 관계를 그리워하면서도 다른 한편에서는 두려움을 갖게 되는 것이다.

하나님은 부모가 자식을 사랑하면서 살도록 지으셨다. 그리고 대부분의 부모들은 자식들과 안정적이고 지속적인 사랑의 관계를 갖는다. 그러나 비정상적인 어머니는 자식을 성격적으로 결함이 있는 사람으로 만든다. 자식은 어린시절에 형성된 공허감에서 벗어나려고 발버둥을 치지만 헤어나질 못한다. G양의 경우 술, 마약, 복잡한 남자관계 등은 심리적 공허감을 극복하고자 하는 노력으로 볼 수 있다.

　　이렇게 성격적 결함을 가진 사람들이 사회적으로 성공하고 좋은 직업을 가질 수도 있다. 하지만 성공도 내적인 공허감을 극복하는 수단일 뿐 자체가 주는 만족감은 없다. 원인 모를 긴장과 불안이 있고, 마음은 늘 누군가를 미워하며 내적인 분노가 화산처럼 끓고 있다. 이 분노는 시시때때로 밖으로 터져 나와 대인관계를 위협한다. 이런 사람들은 정신분석을 통해서 자신의 문제를 먼저 파악해야 행복해질 수 있다. 그리고 어머니들은 이런 상황을 예방하기 위해서 여유 있는 마음을 가지고 자식을 키워야 한다. 자식의 마음을 살필 여유도 없이 바쁘기 만한 어머니들은 '나는 무엇을 위해 이렇게 바쁜가?'를 생각해 봐야 한다.

● 나를 만드는 관계

세상에서 제일 좋은
부모 되기

휴를 통해서 우리는 특히 유년기의 잘못된 경험이 성격의 결함을 만들고 인간관계의 문제와 인생의 고통을 만드는 것을 보았다. 부모는 한 인간에게 가장 큰 영향을 미치는 존재이다. 부모가 돈이 많고 적고, 학력이 높고 낮고는 문제가 안 된다. 어린아이에게 부모는 그 존재 자체만으로 우주가 되는 것이다. 아이는 부모가 자신을 인정하고 사랑한다고 느끼면 세상이 자신을 사랑하고 인정한다고 느낀다. 두렵고 무서울 것이 없는 것이다.

부모라면 누구든 내 아이가 휴처럼 '어른 아이'로 자라게 하고 싶지 않을 것이다. 그러면서도 알게 모르게 자신의 아이를 또 다른 휴로 만들고 있는 부모들이 적지 않다. 아이에게 유복한 환경을 만들어 주고 좋은 학교에 보내 주고 많은 재산을 물려 준다고 해서 좋은 부모가 되는 것은 아니다. 아이의 인생을 행복하게 해 주는 토양을 만들어 주는 부모가 진짜 좋은 부모이다. 아이에게 '행복을 느끼게' 해 주는 좋은 토양이란, 아이를 사랑하고 아이가 사랑 받는 환경이다. 지금 유년기의 아이를 키우고 있는 부모라면 이런 부모가 되어야 한다. 그래야 내 아이가 어린 휴가 아닌 성숙한 휴로 자랄 수 있다.

부부 사이가 좋아야 한다

부부 사이가 좋으면 아이가 에디푸스 콤플렉스를 잘 극복하게 된다. 아이들이 4~6세가 되면 이성의 부모에게는 애정을 느끼고 동성의 부모에게는 질투와 경쟁적인 증오심을 느끼게 된다. 이렇게 아버지와 어머니, 그리고 아이와의 사이에 만들어지는 삼각관계가 에디푸스 콤플렉스다. 이 콤플렉스는 초등학교시절 잠복하는 듯하다가 사춘기 때 다시 고개를 든다. 그러다가 청소년기가 되면서 부모 이외의 다른 이성에게 눈을 돌린다. 이성으로서의 부모를 포기하게 되는 것이다. 그리고 성숙한 부모를 닮아가면서 에디푸스 콤플렉스는 건강하게 극복된다. 성숙한 부모란 부부 관계가 건강한, 사이좋은 부모다.

　　사내아이의 경우 어머니와 아버지의 사이가 좋지 않을 때 심리적으로 아버지를 물리치고 어머니를 차지했다고 생각한다. 그러면서 아버지에게 죄책감을 느낀다. 정신분석학의 창시자인 프로이트도 장년이 될 때까지 에디푸스 콤플렉스를 극복하지 못하고 있었다. 그가 마흔 살이 되었을 때 아버지가 81세로 사망한다. 그때 그는 '뿌리가 뽑혀 버린 나무' 같은 느낌을 받았다. 불안과 초조, 위장장애와 불면증에 시달렸다. 프로이트는 자기분석을 통해 그 모든 느낌과 증세가 마음속으로 미워하던 아버지가 죽게 된 데에 대한 죄책감임을 알아냈다. 미해결된 에디푸스 콤플렉스 때문이었다. 이 발견 이후 프로이트의 증상은 사라졌고 정신분석학은 큰 발전을 보게 되었다. 부부 사이가 좋아야 아이들은 에디푸스 콤플렉스를 극복하기가 쉽다.

○ 엄마가 행복해야 한다

아이가 처음으로 인간관계를 맺는 대상은 엄마다. 생후 1.5세까지 엄마와 아이의 애착관계는 한 개인의 성격에 결정적인 영향을 미친다. 이 시기에 아이는 엄마의 젖가슴과 젖꼭지를 통해서 구강욕구를 만족시키며 쾌감을 갖게 되는데, 이것을 자기애(autoerotism)라고 한다. 이 과정에서 엄마의 따뜻한 보살핌을 받고 꾸준하고 건전한 만족감을 얻으면 자기애의 시기가 짧아지고 본능적인 욕망을 자연스럽게 승화해서 다음 단계의 정신적인 발달 단계로 들어선다. 그러나 이때 엄마의 보살핌을 충분히 받지 못하고 사랑 받고 싶은 욕구의 좌절을 겪으면 의존적이고 자기중심적이며 매사에 요구가 많고 받을 줄만 아는 성격이 된다. 아이는 세 살이 될 때까지 자신에 대한 엄마의 반응을 통해 자아상을 형성해 간다. 엄마의 반응을 내재화시키는 과정을 겪는 것이다. 아이는 따뜻하게 자신을 보살펴 주는 엄마를 통해 세상이 살 만하고 안전한 곳이라는 믿음을 갖게 된다.

그러나 엄마의 사랑에 좌절을 느낀 아이는 세상은 살기 힘들고 두려운 곳으로 느끼게 된다. 갓난아이 때부터 세 살까지 엄마는 정말 행복해야 한다. 그래야 아이에게 관심을 집중하며 충분히 보살펴 줄 수 있기 때문이다. 엄마도 인간이므로 자기 마음이 복잡하면 아이에게 관심을 쏟기 어렵다. 그러므로 이 시기의 아빠는 아내의 정신적 행복관리에 신경을 써 주어야 한다. 아이는 자라면서 엄마로부터 때때로 거절을 경험하게 된다. 그러면서 만족을 주는 좋은 엄마와 좌절을 주는 나쁜 엄마로 엄마에 대한 상을 분리하게 된다. 그러다가 마침내 자신의 요구를 들어 주든 아니든 엄마는 한결같이 자신을 사랑하는 존재임을 알게 된다. 정신분석에서는 '대상 항상성' 이라고 한다. 이 과정이 만족스럽게 진행되면 아이는 안정된 자아와 주체성을 갖게 된다. 성인이 되어 건강하고 원만한 대인관계를 맺게 되는 기초가 이때 만들어지는 것이다.

맞벌이 부부의 경우는 고민이 될 것이다. 엄마가 아이를 보살펴 주는 시간이 절대적으로 부족하기 때문이다. 그래도 주어진 상황 안에서 최선을 다할 필요가 있다. 아빠가 아이를 돌봐 주어도 엄마와 비슷한 효과를 볼 수 있다는 연구결과들이 많이 나오고 있다. 그러므로 엄마와 아빠가 역할분담을 잘 하는 지혜가 필요하다. 특히 퇴근 후 집에 돌아왔을 때의 5분이 아주 중요하다. 하루 종일 엄마의 사랑에 굶주린 아이는 엄마를 보자마자 안기고 싶어한다. 그런데 일하는 엄마들은 집에 도착했을 때 집안일이 먼저 보인다. 그래서 아이를 안아 주거나 아이의 얘기를 귀담아 들어 주기보다 집안일을 하기 위해 분주해진다. 그때 아이는 심한 좌절감을 느낀다. 5분이면 된다. 퇴근 후 집에 도착하면 먼저 아이와 충분히 스킨십을 하고 말도 걸어 주어 엄마가 자신을 가장 소중히 여기고 사랑하고 있음을 보여 주어야 한다. 아이는 짧지만, 이런 시간을 통해 건강한 자아를 형성하게 된다.

아이에 대한 믿음을 가져야 한다

흔히 부모는 아이가 백지상태에서 태어난다고 생각한다. 그리고 그 백지에 어떤 그림을 그릴 것인지는 부모의 몫이라고 생각한다. 그래서 부모의 생각대로 아이를 교육하려 들고 간섭과 강요를 일삼는다. 과잉보호도 겉으로는 아이를 위하는 것 같지만 알고 보면 아이를 못 믿어서 나타나는 증세이다.

아이는 세상에 태어날 때 이미 자기 인생의 청사진을 가지고 태어난다. 그 청사진에 따라 때가 되면 걷고 달리고 말하

고 판단하고 관계를 형성해 간다. 꽃씨가 땅에 심어지면 물과 양분, 햇빛을 받아 저 나름의 꽃을 피우고 열매를 맺듯이 아이도 그렇게 성장한다. 부모는 아이의 생명력에 대한 신뢰를 가져야 한다. 부모의 역할은 꽃나무가 잘 자랄 수 있도록 토양을 풍요롭게 해 주는 것이다. 사랑하고 사랑 받는 인간 환경과 안정적인 생활 환경을 만들어 주는 것이 부모의 역할이다.

방해 인자를 제거해 주는 것도 부모의 역할이다. 아이에게 부모의 성행위 장면을 보여 주는 것은 좋지 않다. 에디푸스 콤플렉스를 자극하기 때문이다. 포르노 비디오나 인터넷 음란 사이트 같은 유해 환경은 절대적으로 제거해야 한다. 초등학교 때 부모가 여행 간 사이 여동생과 함께 부모가 보던 포르노 비디오를 본 경험 때문에 정신분열증에 걸린 소년이 있었다. 여동생과 그 장면대로 재현해 본 것이 화근이었다. 그 사실이 탄로날까 봐 늘 두려움에 시달리던 소년은 어느 날 타고 가던 버스가 급정거하는 바람에 옆에 있는 젊은 여성의 젖가슴에 몸을 부딪치게 되었다. 그때 젊은 여성이 비명을 지르자 청년의 피해망상에 발동이 걸렸다. 여인의 비명이 가슴 속에 숨겨둔 죄책감을 건드렸다. 무의식 속 죄책감이 공개적으로 노출

되었다. 아이들을 믿어 주고 유해 환경만 제거해 주라고 권하고 싶다.

합리적인 태도를 보여 줘야 한다

부모가 자식을 대하는 태도가 아이의 초자아를 형성한다. 초자아란 인격구조 중 자기를 감독하고 평가하는 부분이다. 대개 부모 이미지가 내재화되어 만들어진다. 부모가 성숙하고 합리적인 모습을 보여 주면 아이도 합리적인 초자아를 갖게 되고, 부모가 비이성적이고 미숙하게 아이를 대하면 아이도 미숙한 초자아를 갖게 된다. 아이가 아이다운 실수를 했을 때 과도한 처벌을 하게 되면 아이는 작은 실수를 하고도 큰 처벌을 받을까 봐 두려워하는 성격을 갖게 된다. 자신에게 가혹한 처벌적 초자아를 갖게 되어 열등감, 죄책감, 공포감 등에 시달리는 성격이 되는 것이다. 그리고 부모의 처벌이 너무 억울하다는 생각을 억누르고 있다가 분노와 폭력으로 폭발하기도 한다. 한편 큰 실수를 했는데도 너무 작은 처벌을 하거나 그냥 넘어가 버리면 아이는 죄책감을 못 느끼는 성격이 된다.

학창시절 늘 일등만 하고 명문대 법대에 합격했으면서

도 이 처벌적 초자아 때문에 고통을 받는 학생이 있었다. 이 학생은 시험 때가 되면 시험을 치르기도 전에 성적이 나빠 재시험을 보게 될 것이라는 걱정에 사로잡혀 탈진 상태로 쓰러지곤 했다. 그녀에게는 과도하게 엄격한 부모가 있었다. 그녀의 부모는 작은 일에도 너무 엄격한 처벌과 비난을 퍼부었다. 처벌적 초자아를 가진 사람들은 즐거운 인생을 살지 못한다. 즐거움을 느끼는 순간, 내면에서 "지금 네가 그렇게 놀고 있을 때냐?"라는 부모의 비난 소리가 들려와 죄책감을 느끼기 때문이다. 이런 사람들은 아침에 일어나면 왠지 모르게 몸과 마음이 무겁고 전쟁터에 나가는 병사처럼 세상에 나가기가 두려워진다. 그들에겐 하루하루가 고해(苦海)이다. 내면에서 끊임없이 들려오는 비난에 시달리는 것이다. 아이에게 벌을 줄 때 사소한 잘못을 저질렀을 때는 다음부터는 잘하라는 주의를 주는 것으로 용납해 주고, 큰 잘못을 저질렀을 때는 따끔하게 야단을 쳐야 한다. 그리고 잘한 일이 있을 때는 칭찬과 격려를 해주고 그에 합당한 보상도 해 주는 것이 좋다. 상벌에 있어 부모가 합리적인 태도와 일관성을 보여 주어야 아이가 합리적인 초자아를 키워 갈 수 있다.

🔹 나를 만드는 관계

엄마를 대신할 수 있는
사람들

아이들은 유치원, 놀이방, 학원에서 부모 다음으로 그들의 인격에 커다란 영향을 미치는 교사를 만난다. 교사들을 통해서도 아이들은 어머니에게서 받지 못한 사랑과 격려를 받을 수 있다. 부모로부터 잘못 경험한 것들을 변화시킬 수 있는 기회를 갖게 되기도 한다.

조지 엥겔이라는 정신의학자가 조사한 바에 따르면, 유아기 때 어머니를 잃었거나 부모의 이혼으로 성격이 불안해졌던 아이들이 좋은 선생님을 만나서 성격이 변했다고 한다. 선생님의 따뜻한 보살핌으로 세상이란 따뜻한 곳일 수도 있다는 것을 발견하게 된다는 것이다. 어릴 적 아버지를 잃은 탓에 성격이 지나치게 공격적으로 변한 아이도 카운슬러를 잘 만나 정상적인 성격으로 돌아온 경우도 있었다. 우리나라에서는 부모 대신에 이모나 고모가 정신적 보호자 역할을 해 주는 경우도 많이 있다.

교사를 통해 자아를 찾은 아이 '딥스'

딥스는 유명한 과학자 아빠와 외과 의사인 엄마 밑에서 물질적인 풍요를 누리며 자라는 아이였다. 그러나 딥스에게는 정신지체가 의심될 정도로 발달이 느린 언어 능력, 비정상적인 행동들, 사람들과의 원만하지 못한 관계 등 장애가 있었다. 남부러울 것 없는 가정에서 자란 딥스는 자신이 만든 감옥 속에 스스로를 가둔 채 세상을 등지고 살아가고 있었다.

액슬린 박사는 그런 딥스의 치료를 맡게 된다. 그녀는 딥스가 지능적인 문제가 아닌 정서적인 상처 때문에 혼란스러워 한다고 판단하고는, 외부로부터 어떤 방식을 강요하기보다는 내부로부터 자유롭게 터져 나오는 유·무언의 언어들을 들어줌으로써 자아를 찾아 나가도록 하는 '놀이치료'를 시작했다.

딥스는 치료 과정에서 부모, 특히 아빠에 대한 강한 적대감을 드러냈다. 아빠로 지정한 인형을 모래산 아래에 묻어 버렸고, 모두가 집으로 돌아가는 도시설계 놀이에서도 아빠만은 신호등에 가로막혀 집으로 가지 못하게 했다. 또 아빠를 불난 집에 가두어 놓고 나오지 못하게 하면서도 그와 같은 자신의 행동에 심한 죄책감을 느꼈다.

하지만 딥스는 결국 혼자 하는 자유로운 모래놀이 속에서 아빠를 발견하고, 아빠라고 생각하며 묻어 버렸던 인형을 다시 제 손으로 꺼내게 된다. 딥스에게 아버지란 이제 묻어 놓고 보기 싫은 존재가 아닌 것이다. 자신을 가둬 놓기만 했던 딥스가 그렇게 변할 수 있었던 것은 바로 선생님의 믿음이었다. 남들이 바보로만 생각했던, 부모까지도 문제아로만 여겼던 딥스지만 선생님은 그를 믿어 주었다.

"네가 하고 싶은 대로 해 보렴."

바로 이 말 한 마디에 딥스는 자신이 주도하는 놀이를 통해 부모에 대한 미움과 현실에 대한 두려움을 사랑과 자신감으로 바꿀 수 있었다. 딥스는 부모에게서 받은 상처로 자기만의 세계 속에 자신을 가두어 버린 자폐아가 되었다. 그러나 놀이치료 선생님을 만나게 되면서 자아를 회복했다. 서서히 마음속의 분노와 원망을 자연스럽게 표출하는 법을 배우고, 정서적으로 독립할 수 있게 된 것이다. 이렇게 관계 속에서 인간은 자아를 상실하기도 하고, 혹은 회복하기도 한다.

나를 만드는 관계

인생의 선물, 배우자

좋은 부모와 좋은 스승을 만나지 못해서 아직도 어린아이의 상태인 어른이라도 배우자를 잘 만나면 성숙해질 수 있다. 연구에 따르면 60퍼센트 정도까지 치유될 수 있다고 한다. 인권 운동으로 유명했던 M목사가 들려 준 얘기다.

어린 시절 우물가에 엄마친구들이 모여 있었는데 어떤 이가 "이 애는 키만 멀쑥하게 컸지 인물은 못났네"라고 했다. M목사는 그것이 상처가 되어 외모 콤플렉스를 갖게 되었다. 미국에 유학을 간 것도 그 콤플렉스를 극복해 보기 위한 것이었다.

추수감사절, 텅 빈 교정에서 외로운 유학생 신세를 한탄하며 벤치에 앉아 있을 때였다. 웬 금발의 여학생이 다가왔다. 앉아서 함께 얘기를 나누다가 헤어질 때가 되자 그녀가 말했다. "코리아라는 나라의 남자들은 다 당신처럼 잘 생겼느냐"고. M목사는 난생 처음으로 자신의 외모에 대해 칭찬하는 말을 들었다. 그리곤 기숙사에 가서 거울을 보았다. 어릴 때 우물가 사건 이후 처음으로 거울을 본 것이다. 그 인연으로 M목사는 콤플렉스에서 벗어났고 그 여학생과 데이트를 즐기다 결혼했다.

아내를 통해 어머니로부터 해방된 화가

빌은 매우 소심한 성격이었다. 그는 가구회사에서 디자이너로 일했는데 쥐꼬리만한 월급에 대우도 잘 못 받는 직장이었지만 늘 회사에서 쫓겨나지 않을까 전전긍긍했다. 사장은 그에게 공항으로 부인을 마중 나가는 일까지 시켰다. 속으로는 '이런 개인적인 일까지 시키다니…' 하면서 화가 났지만 내색은 못하고 굽실거리며 시키는 대로 했다. 그렇다고 그가 그렇게 무능한 디자이너는 아니었다. 가구 디자인 쪽에서는 실력을 알아주는 사람인데도 그는 늘 자기를 과소평가했다.

어느 날 그의 아내는 지하실 한구석에서 남편이 총각 때부터 비밀스럽게 간직해 두었던 그림들을 발견했다. 빌이 그린 것들이었다. 그녀가 지하실의 그림 이야기를 하자 빌은 화들짝 놀라며 아무에게도 얘기하지 말라고 신신당부했다. 천재적인 그림들이었지만 빌은 전혀 그렇게 생각하지 않았다.

가난한 이민자의 아들이었던 빌은 그림 그리는 것을 좋아했지만, '그림을 그려서는 먹고 살 수 없다'는 어머니의 말씀을 거역하지 못했다. 어머니는 그의 정신세계를 지배하는 신 같은 존재였다. 빌은 가구 디자인을 하면서도 몰래몰래 그림을 그렸고 꼭꼭 포장해서 지하실에 숨겨 두었다. 자기 그림에 대한 자신감이 전혀 없었다. 이런 사실을 알게 된 아내는 지하실을 갤러리처럼 꾸미고 그림들을 전시한 후, 잘 아는 미술 평론가를 저녁식사에 초대했다. 식사 후에 지하실로 가서 그림을 보여 주었다. 천재성이 번뜩이는 그림에 감탄한 평론가는 자신이 비용을 대서 전시회를 열어 주었다. 전시회는 대성공이었고 빌은 유명한 화가가 되었다.

빌은 아내라는 '뉴 마더(new mother)'를 통해서 '올드 마더(old mother)'에서 해방되었고, 결국 꿈을 이루게 된 것이다.

나를 만드는 관계

절대자 하나님과의 관계

열등감이 심한 청년이 있었다. 그는 어릴 때부터 몸이 약해 친구들 사이에서 늘 패배자처럼 지냈다. 집은 가난했고 아버지는 무능하고 술주정이 심했다. 잘난 친구들이 부러웠다. 가정도 좋고, 머리 좋고, 운동도 잘하고, 여학생들에게 인기 좋은 친구들을 볼 때마다 자신이 한심스러웠다. 자존심 상하는 일도 많았다. 그래서 대인관계가 싫었다. 고립된 생활을 하다가 자위행위에 빠졌다. 자위행위 후에는 후회와 죄책감으로 우울했다. 그의 열등감은 날로 더 심해졌다.

그러던 어느 날, 그는 교회 수련회에 갔다가 하나님을 믿게 되었다. 외모, 학벌, 잘난 부모 같은 것을 넘어선 위대한 하나님의 나라가 있다는 것을 발견했다. 자기 같은 사람도 하나님 나라의 백성이 될 수 있다는 것은 감격이었다. 예수님의 삶은 그에게 큰 감동을 주었다. 그러자 가치관이 변했다. 인기가 없어도 편했다. 하나님께 가치 있는 것이 자신에게도 가치 있는 것이 되었다. 자신을 보는 시선이 긍정적으로 변한 것이다. 자위행위도 자연스럽게 끊어졌다.

신앙은 인간을 변화시키는 놀라운 힘을 가지고 있다. 물론 신비롭고 초자연적인 능력이 그를 변화시켰다고 볼 수 있지만 정신의학적인 해석을 덧붙일 수도 있다. 하나님과 만나면 사람들은 무조건적인 사랑을 경험한다. 나를 부족하다고 탓하지 않고 내 전체를 받아 주는 무조건적인 사랑을 경험하는 것이다. 오랫동안 나를 기다려 주고, 참아 주고 변치 않는 사랑으로 옆에 서서 기다려 주는 그런 사랑을 경험한다. 이러한 사랑은 인간이 할 수 있는 사랑이 아니다. 어머니의 사랑이 그와 비슷하다고 할 수 있으나 때론 어머니의 사랑도 조건적이고 불완전하다. 불완전한 인간은 불완전한 사랑을 한다. 그러나 하나님을 만나서 경험하는 사랑은 완전한 사랑이며 무조건적인 사랑이다. 이러한 사랑은 내면의 아이가 부모에게서 간절히 받고 싶었던 사랑이다. 하나님이 주는 이 사랑이 묘약이 되고 기적을 낳는다. 그 사랑 속에서 마음의 상처가 치유된다. 상처가 치유되면 사람이 성장한다.

십자가에 매달린 예수는 못이 살을 뚫고 들어오는 아픔 중에도 "아버지여 저희를 사하여 주옵소서. 자기의 하는 것을 알지 못함이니이다"(누가복음 23장 34절)라며 자신을 때리고 죽이는 자들을 용서해 줄 것을 기도했다. 그리고 "너희 원수를 사랑하며 너희를 핍박하는 자를 위하여 기도하라"(마태복음 5장 44절)고 했다. 그러나 이런 예수를 버트런드 러셀은 자학자(masochist)라고 비난했다. 철학, 논리학, 수학의 대가이며 1950년에 노벨문학상을 수상한 그는 『나는 왜 기독교인이 아닌가』에서 이렇게 얘기하고 있다.

"예수는 오른 뺨을 때리는 자에게 왼 뺨을 돌려대라고 했다. 이것은 너무나 비인간적이고 자학적인 요구다. 어떻게 사람이 그런 일을 할 수가 있다는 말인가. 나는 이런 요구를 하는 예수를 믿을 수가 없다."

전공의 시절, 나는 러셀의 논리를 참으로 그럴 듯하다고 생각했다. 그의 논리를 반박할 수 없어 무척 당황스러웠다. 그러나 나의 은사인 김성희 교수 덕분에 그 문제에서 통쾌하게 벗어날 수 있었다. 김성희 교수는 한국 최초의 정신분석학자였고 전남의대에 정신과를 창설한 분이다. 군복무 중 휴가를 나와 김성희 교수댁에 인사를 갔을 때였다. 마루 밑 햇볕이 드는 곳에 개 한 마리가 졸고 있었다. 김 교수는 개를 가리키며 다음과 같은 이야기를 해 주었다.

어느 날 어디선가 작은 강아지 한 마리가 나타나서 큰 개를 귀찮게 했다. 강아지는 "캉캉"거리면서 큰 개의 오른쪽 뺨을 물었다. 큰 개는 조용히 고개를 돌려 버렸다. 강아지는 왼쪽으로 돌아와서 다시 그쪽 뺨을 물었다. "컹!" 하고 겁을 줄만도 한데, 큰 개는 상대하지 않고 부스스 일어나 다른 곳으로 자리를 떠 버렸다. 김 교수가 발견한 것은 개의 세계에서도 큰 개는 큰 개답더라는 것이다. 러셀의 논리대로 한다면 큰 개는 오른 뺨을 물어뜯는 어린 개를 같이 물어뜯어 주어야 했다. 그러나 큰 개는 유치하게 행동하지 않았다.

김 교수는 "개도 저렇게 사는데 인간이 그렇게 사는 것이 자연스러운 것 아니겠는가. 예수의 오른 뺨을 돌려대라는 말씀의 의미는 어른스러운 삶을 살라는 것이었다"고 했다. 다시 말하면 이 책의 맨 앞부분에서 소개한 철든 삼촌처럼 살라는 의미였다. 조카와 같은 수준에서 맞받아치고 피투성이가 되어 싸우며 사는 것은 철든 어른의 인격이 아니다. 그러나 러셀은 큰 개와 작은 개의 행동 차원을 이해하지 못하고 예수를 '자학 성격'이라고 비난했다. 철든 어른을 경험해 보지 못한 사람들은 자기들 수준에서 이런 해석을 내릴 수밖에 없다.

김성희 교수는 또 평양대학병원에서 의사로 근무하던 시절의 에피소드를 들려 주었다. 어느 날 공산당원 한 명이 병원에서 씩씩거리며 화를 내고 있었다. 그는 막 크리스천 간호사들을 끌어다 총살하고 돌아온 길이었다. 증오하던 크리스천들을 죽여 버렸으니 시원할 법도 한데, 그는 분을 삭이지 못하고 있었다. 얘기인즉 이랬다. 총살 장소로 실려 가는 트럭 속에서 간호사들이 기도를 하더라는 것이다. 그 기도의 내용을 들어 보니 자신들을 총살하려고 하는 공산당원인 자기를 용서해 달라는 기도였다. 크리스천 간호사들이 살려 달라 애원하며 그의 발목을 붙들고 매달렸으면 강자로서의 쾌감이 있었을 것이었다. 그런데 그게 아니었다. 오히려 그녀들은 죽음 앞에서도 태연했고 그를 위해서 기도하고 있었다. 마치 그녀들이 강자이고 그가 철없는 짓을 하는 약자 같았다. 그래서 공산당원은 간호사들을 총살시키고도 패배감을 느꼈던 것이다. 평양의 크리스천 간호사들은 예수가 원하던 '하나님의 자녀다운 성숙한 삶'을 보여 준 사람들이었다. 철든 어른들의 모습이었다. 자신을 사랑하는 절대적 존재에 대한 신뢰가 그들을 성숙하게 했던 것이다.

한 주정뱅이의 이야기도 흥미롭다. 형편없는 삶을 살았던 그가 예수를 만나고 인간관계가 좋아졌고 술도 끊었다. 무책임한 아이 같던 인생에서 철든 어른의 삶으로 변한 것이다.

○ 새로운 삶을 얻은 어느 주정뱅이 이야기

한 주정뱅이가 있었다. 노름으로 재산을 날리고 부인과 자식들에게 폭행을 일삼는 사람이었다. 그가 교회에 나가게 되었다. 그를 아는 사람들은 고개를 가로저으며, "저런 사람이 교회를 다녀 봤자 달라질 게 있겠어(?)" 하며 회의적이었다.

어느 날 한 친구가 그에게 물었다.

"교회에서 목사님이 무어라 가르치시던가?"

"착하게 살라고 하기도 하고 뭐 그런 말씀을 하신 것 같기도 한데 잘 모르겠어….'

친구가 또 물었다.

"그럼 성경은 누가 썼다던가?"

그는 당황하며 대답했다.

"글쎄…, 잘 모르겠는걸."

친구가 다시 여러 가지 질문을 했지만 그의 대답은 모두 신통치가 않았다. 그러자 친구는 답답하다는 듯이 물었다.

"도대체 교회에 다닌다면서 자네가 배운 것이 뭔가?"

그러자 그는 자신 있게 대답했다.

"그런 건 잘 모르겠는데 확실히 달라진 것이 있다네. 전에는 술이 없으면 못 살았는데 요즘은 술 생각이 별로 나질 않아. 그리고 전에는 퇴근만 하면 노름방으로 달려갔는데 지금은 집에 빨리 가고 싶고, 전에는 애들이 나만 보면 슬슬 피했는데 지금은 나랑 함께 저녁식사를 하려고 기다린다네. 그리고 아내도 전에는 내가 퇴근해서 집에 가면 나를 쳐다보지도 못했는데, 지금은 내가 퇴근할 무렵이면 대문 앞까지 나와서 나를 기다린다네."

예수님을 개인적으로 만난 경험. 그 경험을 말로 설명하기는 어렵다. 경험적 만남을 언어로 설명하는 것은 어려운 일이다. 연인들에게 사랑하는 사람에 대해서 설명해 보라고 할 때 언어의 궁핍을 느끼는 것과 같은 심리이다. 예수와의 만남을 경험한 사람은 행동과 생활과 대인관계가 달라진다. 경험적 만남이 없는 사람은 지적 만족으로 공백을 채우려 한다. 그래서 말만 번지르르한 사람은 의외로 내용이 빈약할 때가 많다. 주정뱅이였던 그는 예수를 만난 사람의 좋은 모범을 보여 주고 있다. 또 종교 안에서 성숙한 인간관계의 모범을 보인 사례는 얼마든지 찾을 수 있을 것이다.

이렇게 사람들은 부모, 스승, 배우자, 하나님과의 만남과 관계들 속에서 성장해 나간다. 한 인격체로 성장해 가는 과정 속에서 사랑하는 사람들을 만나기도 하고 미운 사람들을 만나기도 한다. 어떤 만남을 경험했고, 어떤 관계를 맺었느냐에 따라 우리의 삶의 빛깔도 달라진다. 우리들은 어머니나 아버지로부터 받은 상처를 선생님이나 멘토에게서 치유 받기도

하고, 좋은 배우자와의 만남을 통해, 또 종교를 통해 치유 받으며 살아간다.

그런데 어디에서도 상처를 치유 받지 못한 사람들도 있다. 그들은 나 자신일 수도 있고, 나의 가족 가운데 한 명일 수도 있으며, 나의 동료, 내가 속한 커뮤니티, 나의 네트워크 안에서 만나는 그 누구일 수도 있다. 상처 받은 사람들은 또 다른 사람에게 상처를 주기도 한다. 예컨대 아버지에게 학대 받은 아들이 아버지가 된 뒤에 자기 자식을 학대하는 것을 볼 수 있다. 어릴 때 그렇게도 '나는 우리 아버지처럼 살지 않을 거야' 하고 다짐하고 또 다짐했음에도 불구하고 자기 자식의 가슴에 또 상처를 주는 것이다.

사람의 영혼은 다른 사람의 인정과 사랑을 먹고 산다. 인간은 어릴 때 부모로부터 충분한 인정과 사랑을 받아야 그것을 바탕으로 건강한 자아가 형성된다. 그러나 인생은 복잡한 것이고, 세상에 완벽한 부모란 없기에 많은 사람들이 인정과 사랑에 굶주린 어린아이를 안에 둔 채 어른이 된다. 우리의 영혼은 신비스러워 어떻게 해서든 필요한 양의 사랑과 인정을 채우려 한다. 그래서 우리들은 어릴 때 채우지 못한 인정과 사랑을 받으려고 필사적으로 노력한다. 모든 것을 바쳐 성공하고자 하는 것도 그 성공을 통해, 인정받고 싶고 사랑받고 싶기 때문이다.

자기를 인정해 주고 사랑해 주는 존재를 만나면 인간의 문제는 대부분 해결된다. 부모라면 자식을 충분히 인정해 주고 사랑해 주자. 지금 내가 주는 사랑이 아이들을 건강하게 만들고 그 아이들이 자라 주위 사람들을 건강하게 만든다. 나의 사랑이 세상을 건강하게 만드는 데 기여할 것이다. 그리고 부모님, 아내, 남편, 친구와 직장동료들을 인정하고 사랑해 주자. 그들도 우리의 사랑에 목마르다.

우리가 살고 있는 세상을 더 살기 좋은 곳으로 만드는 데는 그리 거창한 활동이 필요한 것이 아니다. 내 주위 사람들을 인정해 주고 사랑하는 것, 그것이 필요하다. 우리의 문제는, 그렇게 사랑하기가 내 마음같이 되지 않는다는 것이다. 그러나 자기를 알아 가면, 자신이 비록 충분한 사랑을 못 받았어도 우리는 사랑할 수 있다.

30년 만의 휴식

안심하라 나만의 문제가
아니라 인간의 문제다

인생은 복잡하고 변수도 많다. 인생의 행, 불행은 예측할
수가 없다. 그런데 같은 불행을 당해도 유연하게 대처하고 고
통을 잘 견디는 사람이 있는가 하면, 유난히도 걱정이 많고 불
행감에 쉽게 빠지는 사람들이 있다. 이것은 우리에게 소중한
사실을 가르쳐 준다. 객관적인 불행이 문제가 아니고 개인의
성격이 문제라는 것이다. 성장 과정에서 겪은 경험이 만든 성
격이 우리의 행복과 불행을 좌우한다는 것이다. 휴의 경우처
럼 '마음속의 아이'가 문제를 일으키는 것이다.

독자들 중에는 이 책을 읽으면서 문득 자신 속의 아이를 만난 사람들도 있을 것이다. 그때 두 가지 반응이 나올 수 있다. 가장 기분 좋은 반응은 '아하, 그랬었구나!' 하는 반응이다. 갑자기 자신의 행동 가운데 어느 부분이 환하게 이해되면서 누군가에게 그것을 말하고 싶어질 것이다. 그리고 자신을 누르고 있던 짐이 벗겨지는 느낌이 들 것이다.

다른 반응은 답답증이다. 갑자기 마음이 어두워지고 '뭐 이런 게 다 있어!' 하고 책을 덮어 버리고 싶어질 수도 있다. 이는 무의식이 의식의 표면으로 올라올 때 흔히 일어나는 거부반응이다. 무시해 버리고 싶고 피해 버리고 싶은 마음이 생긴다. 이런 반응은 자신의 무의식을 만나는 것이 두렵기 때문에 나타난다.

이는 당연한 심리 현상으로 비난 받을 이유가 없다. 인간은 자기가 감당하기 어렵고 창피한 감정이나 욕구들을 무의식으로 추방한다. 그래서 생긴 것이 무의식이다. 그러니 무의식의 문이 열리고 부끄럽고 두렵고 슬픈 내용들이 의식되는 것을 두려워할 수밖에 없다. 이해할 수 있다. 어쨌든 두 반응 모두 부분적이기는 하지만 자기 발견에 성공한 것이다.

인생의 고통과 내면의 갈등은 나만 특별히 운이 없어서 겪는 문제가 아니다. 인간이기에 겪는 문제이다. 내 말을 들어 달라는 우리 내면의 소리인 것이다. 우리는 누군가 내 이야기를 귀담아 들어 주고 이해해 주길 원하며 자신의 진실을 찾고 싶어한다. 내가 먼저 내 자신의 소리를 들어 주자. 내 행동의 깊은 의미와 동기를 내가 먼저 이해해 보자. 내면의 갈등을 긍정적으로 해소하면 우리는 이 갈등을, 우리 삶을 앞으로 나아가게 하는 강한 동력으로 만들 수 있고, 다른 사람들의 갈등을 이해하는 귀중한 열쇠로 사용할 수 있게 된다. 나를 아프게 했던 것이 나를 성숙하게 하는 가장 큰 지렛대가 되는 것이다. 그 길로의 여행을 시작해 보자.

이 여행에는 단계가 있다. 내가 나를 바라봐 주는 것이 그 첫 단계이다. 우리는 스스로를 안다고 생각하지만 나의 일, 외모, 부, 지위, 주변 사람들의 평가를 나라고 생각하는 경우가 많다. 나는 무엇에 기쁨을 느끼고, 무엇에 화를 내는가? 나는 나와 다른 사람들을 어떻게 생각하고 있는가? 나는 나를 좋아하는가? 난 지금 행복한가? 남들은 몰라도 나는 나를 내 외부 조건들을 가지고 평가하지 말고 있는 그대로, 나 자신으로 이해하는 것이 필요하다. 어쩌면 자신을 그렇게 바라본 적이 없어서 어떤 이에게는 자신이 자신에게 정말 낯선 존재로 보일 수도 있다. 우리의 휴처럼 말이다.

먼저 나를 바라봐 주자. 사람은 자신을 알아갈수록 편안하고 자유로워진다. 나를 바라보면 나를 알아가게 된다. 혹 새로이 알게 된 나 자신이 맘에 들지 않아도, 부족해도 그대로 나로서 인정해 주자. 그동안 수고했고, 열심히 살아왔다고 인정해주자. 그리고 누군가에게 마음의 상처를 받았다면 그 상처를 싸매 주자. 힘들었을 거라고, 그러나 이젠 지난 일이라고 위로해 주자.

그리고 상처를 준 사람을 이해해 보도록 하자. 그에겐 그 몫의 상처가 있어 나를 아프게 했던 것이라고 말이다. 그를 용서하고, 이젠 내가 그와의 관계에서 주도권을 잡자. 그는 부모님일 수도 있고 남편이나 아내일 수도 있다. 그들의 아픔을 바라보고 그들을 용서하고, 관계를 회복해 가자. 나는 과거에 발목 잡혀 고통 받는 존재가 아니라, 미래를 향해 나의 삶을 주도적으로 살아가는 존재이고 싶으니 말이다. 내 마음의 평안과 자유를 누리게 하는 단계들로의 여행을 시작해 보자.

1단계

마음이 나에게 말을 건다
– 그 말을 들어 보자

우리의 마음은 연약한 듯하면서 강하고 불합리한 듯하면서 합리적이고 불가사의한 듯하면서 이해되는 참으로 신비로운 것이다. 흔히 '마음 가는 대로'라는 말을 하는데 이는 마음이란 것이 이성적이지도 않고 통제할 수도 없는 것이란 의미를 담고 있다. 그러나 내 마음의 움직임을 가만히 들여다보면 그 움직임에는 각기 나름대로의 이유가 있다. 내가 쉽게 알 수 있는 것도 있지만 쉽게 알지 못하는 것도 있다.

마음은 깨지기 쉬운 것이라 소중히 다루어야 한다. 우리의 일상에서 마음 상할 일이 얼마나 많은가. 상한 마음은 못 본 체 무시한다고 없어지는 것이 아니다. 상한 마음은 달래 주어야 한다. 그래야 그것이 어두운 무의식의 뒤편에서 나를 붙잡고 있을 수 없게 된다. 몸이 아픈 것이 쉬라는 신호이듯 내 마음이 불편하거나 고통스럽다면 그것은 그 고통이 나에게 자신을 알아 달라고, 그리고 해결해 달라고 신호를 보내오는 것이다. 내 마음을 소중히 여기고 바라봐 주자. 고통이라는 이름으로 마음이 보내오는 신호에 민감해지자.

"고통은 하나님의 선물이다. 그러나 아무도 그것을 원치 않는다(Pain is God's gift but nobody wants)"라는 말이 있다. 인간은 고통 속에서 고통을 경험할 때 성장한다. 아이들도 앓고 나면 큰다. 아픈 만큼 성숙해지는 것이다. 노이로제를 앓고 난 사람들은 전보다 더 성숙하고 심적 동요가 적어진다. 한번 부러졌다가 붙은 뼈는 무쇠처럼 단단해져서 여간해서는 부러지지 않는다. 첫사랑의 아픔을 통과한 소년은 어른스러워진다.

성장 과정에서 아이들을 과잉보호하면 아이가 병적으로 약해진다. 자연스럽게 경험하고 아파야 할 고통을 어머니가 제거해 버렸기 때문이다. '적당한 좌절(optimal frustration)'

은 인격의 바른 성장에 필수적이다.

흥미로운 실험이 있다. 쥐를 두 그룹으로 나누어, 한 그룹에는 일정한 숙제를 통과해야만 음식을 주고, 다른 한 그룹에는 숙제를 주지 않고 원하는 대로 맛있는 것을 먹게 했다. 놀고 먹는 행복한(?) 쥐들인 셈이다. 결과는 행복한 쥐들의 불행으로 끝났다. 비만과 무기력에 빠져 죽은 것이다. 그러나 먹기 위해 어려운 과정을 거치면서 숙제를 풀어야 했던 쥐들은 체중 증가도 없었고 오히려 건강했다.

내적 갈등을 창조성으로 바꾼 화가
빈센트 반 고흐

고흐는 스물일곱 살에 미술을 시작해서 서른일곱 살에 자살하기까지 불과 10년 동안 850여 점의 창조적인 미술 작품을 그린 천재 화가였다. 그러나 그의 인생은 불행했고 정신이상으로 귀를 자르더니 2년 후에는 가슴에 권총을 쏘고 자살했다.

고흐도 우리의 휴처럼 '마음속의 아이'가 있었다. 그 아이는 엄격한 칼빈주의 목사인 아버지의 지배를 받고 있었다. 그래서 고흐는 자학적이었다. 죄책감을 많이 느꼈고 그것을 씻기 위해서 동정심을 발휘하는 일이 많았다. 그가 누예넨의 광산에서 전도사 생활을 할 때는 불쌍한 광부들을 위해 자기 빵과 매트리스까지 주고, 자신은 2년 동안 거의 거지처럼 살았다. 헤이그에서 그림 공부를 할 때는 늙은 창녀와 그녀의 딸을 먹여 살려 주기도 했다.

그는 가난한 농부들을 그렸고 그들의 거친 손을 예찬했다. 엄격한 마음의 대상을 가진 사람들은 이렇게 동정심이 많다. 아버지에게 눌리고 고통 받는 불쌍한 자신의 모습을 그들에게서 보기 때문이다. 그리고 그들을 위로하면서 무의식적으로는 자신이 위로 받는다. 또한 약한 자들을 돕는 선한 행동을 한 것이므로 죗값을 치르는 속죄 행위가 되기도 한다.

고흐가 그림을 시작한 지 5년쯤 되었을 때 아버지가 갑자기 돌아가셨다. 그 사건 이후 그의 그림은 극적으로 발전했다. 대작을 그렸고 색채도 화려해졌다. 그것은 그를 짓누르던 아버지라는 존재가 사라진 것과 관계가 있을 것이다. 그러나 내면에 자리 잡은 아버지는 계속 그를 괴롭혔다. 고흐는 대인관계가 아주 나빴다. 그래서 지독한 고독 속에 일생을 살아야 했다. 폭발적으로 화를 내고 상대를 비난했기 때문이었다.

귀를 자르던 날 밤도 동거하던 고갱과 싸운 끝에 귀를 잘라 고갱의 단골 창녀에게 갖다 주었다. '마음속의 아이'의 행동이었다. 위선적 행동을 참지 못하는 고흐의 성격 때문이었다. 직선적인 표현이 문제였다. 마음속에 살아 있는 아버지는 "거짓은 죄악이다. 정직해야 한다"고 호령하고 있었다. 마음속의 어린 고흐는 아버지의 명령에 복종하고 있었다. 거짓을 고발하고 비난하는 사이에 친구들은 모두 그를 떠나 버렸다.

고흐에게는 고마운 남동생이 있었다. 그보다 네 살 어린 그림 매매업자인 태오가 고흐의 그림을 알아주는 유일한 사람이었고 평생 동안 고흐에게 생활비를 보내 주었다. 고흐의 동생은 마치 인자한 아버지 같았다. 그런 동생이 결혼하고 아들을 낳았다. 그리고 수입도 시원치 않게 되었다. 고흐는 자기가 동생에게 짐이 되는 것이 죽기보다 싫었다. 그래서 그는 자살했다. '마음속의 고흐'는 인자한 아버지를 계수씨와 조카에게 내어 주어야 했고 동생의 짐이 되는 죄책감을 참을 수가 없었던 것 같다. 그는 스스로 자신을 죽임으로 죗값을 치른 것 같다.

고흐의 경우 내적 갈등은 분명 창조성과 관계가 있어 보인다. 우울증 발작 후에 고흐는 정신병원에서 굉장히 많은 그림을 그렸다. 이러한 현상을 나는 고흐의 생애에 대한 내 논문에서 이렇게 설명했다.

"도덕적 아버지(가혹한 초자아)의 압력에 지친 '마음속의 어린 고흐'는 아버지를 미워하고 두려워했다. 그런 내적 긴장이 참을 수 없을 정도로 높아졌을 때 우울 발작이 왔을 것이다."

자학적이고 피해 망상적인 환청과 망상은 내면에서 들리는 내적 아버지의 비난의 소리를 투사한 것이라고 볼 수 있다. 발작 기간 동안 고통스럽지만 그는 이 대상에게 자기 분노와 공격성을 쏟아 버리고 발산했던 것 같다. 억눌린 분노와 공격성이 발산되고 나면 어느 정도 갈등과 긴장이 풀리고 정신은 평온을 되찾는다. 그리고 내적 갈등과의 싸움에 소모되고 있던 정신 에너지가 해방되고 다시 풍부해지면서 자아는 창조적이 된다. 벌떼처럼 창조적인 영감이 몰려 왔다는 고흐의 글이 이것을 입증해 준다.

고통은 약일 수도 선물일 수도 있으나 당하는 우리는 말 그대로 고통이 너무 고통스럽다. 정신과 진료실에서 나는 자살을 기도했던 사람들을 만났다. 그들을 보며 인생이 얼마나 힘들고 고통스러운 것인가를 실감했다. 사는 것 자체가 두렵다는 사람들도 있었다. 부도 난 사업가, 동료에게 배신당한 사람, 남편의 외도, 입시에 실패한 학생, 며느리에게 폭 빠진 아들이 원망스러운 어머니, 아내를 잃고 어찌할 바를 모르는 노인…. 심리적 고통은 가난이나 육체적 통증 같은 물리적인 것보다 훨씬 더 아프다. 암 환자의 육체적 통증은 지독하다. 그러나 이보다 더 고통스러운 것은 심리적 소외감과 절망감이다. 열등감, 죄책감, 상실감, 배신감, 억울함, 소외감, 고독감이 인간에게 심리적 고통을 주는 감정들이다. 이 가운데 가장 많은 사람이 힘들어하는 감정이 열등감인 것 같다.

고통은 치료 받고자 하는 내적 동기를 불러일으킨다. 나를 찾아오는 사람들은 불면증, 불안, 우울 같은 고통 때문에 내 방 문을 두드린다. 이들 가운데 휴처럼 치료가 잘 되는 사람들이 있다. 자기 문제를 자신의 심리적인 문제로 이해하는 사람들이다. 자신의 마음을 이해해 문제를 풀려는 사람들이다. 그러나 어떤 사람들은 "사업만 잘되면 내 문제는 풀립니다"라고 한다. 그럴 수도 있다. 그러나 사업에 실패했어도 우울증에 빠지지 않는 사람들도 있다. 심리적으로 안정된 사람들이다.

심리적 안정을 깨는 인자는 우리의 내면에 있다. 그것을 인정하는 사람들은 길을 찾는다. 자기 내면에서 문제를 찾는 마음을 정신분석에서는 '마음 중심적 태도(psychological mindedness)'라고 한다. 마음에 관심을 줄 줄 아는 사람들이다. 예컨대 아내의 표정을 보고 '이 사람에게 기분 나쁜 일이 있었나 보군' 하고 아내의 마음 상태를 생각할 줄 아는 사람들이다.

'요즈음 내 몸이 왜 이렇게 무겁지?' 하고서 '술 때문이야' 하는 사람도 있을 것이다. 그러나 '술도 술이지만 곤경에 처한 친구에 대한 생각이 나를 무겁게 만들고 있구나' 라고 생각하는 사람도 있을 것이다. 후자는 마음을 이해하는 능력이 있는 사람이다. 자기성찰 능력이 있는 사람인 것이다. 다른 말로 한다면 EQ(감성지수)가 높은 사람이다. 이런 사람은 심리적인 문제를 풀 준비가 되어 있는 사람이다.

인생은 쉽지 않다. 호시탐탐 인생의 사건들이 우리를 노린다. 수없이 많은 의무들, 노릇들이 우리를 포위하고 있다. 프로이트는 정신분석의 목적을 이렇게 얘기했다.

"인생의 고통은 제거할 수 없습니다. 그러나 그것을 과장되게 만들지는 말아야 합니다. 신경증 환자란 자기 고통을 증폭시키는 사람들입니다. 그래서 정신분석의 목적은 신경증적으로 증폭된 불행을 '보통 불행', 즉 누구나 인생을 살면서 부딪치는 보통 불행으로 되돌려 주는 것입니다."

예컨대 실연은 고통스럽지만 절망할 일은 아니다. 실연을 절망으로 느끼고 자살을 기도하는 것은 실연이 신경증적 불행으로 변한 것이다. '마음속의 아이' 가 작용하고 있는 것이다. 신경증적 불행에서 거품을 빼고 '마음속의 아이'의 영향을 제거하면 보통 불행이 된다. 그렇다고 실연의 아픔 자체가 없어지는 것을 기대해서는 안 된다. 모든 고통으로부터 해방되고 싶은 것은 유아기적 소망이다.

어차피 인생은 아프다. 누구나 아프다. 가난한 사람도 아프고 부자도 아프다. 내가 만난 사람 중에는 재산이 수천억이나 되는 사람도 있었다. 어느 은행가는 "돈 많은 고객들은 돈의 무게만큼 내적 고통의 무게도 무거웠다"고 말했다. 사회적으로 성공한 사람도 내면세계에서 은밀한 아픔을 참고 있을 수 있다. 대문호 톨스토이는 성공한 작가였지만 여러 번 자살을 기도했다고 한다.

"나의 아내는 성품이 좋은 미인이고, 아이들은 착하고 재산도 충분하다. 내 자신은 뛰어난 재주와 강한 체력을 가졌으며 많은 사람들에게 존경과 칭찬을 받고 있고 유명하기까지 하다. 그러나…"

그러나 그는 허무했고, 자살충동과 싸우며 살았다고 고백하고 있다.

인생을 너무 쉽게 보지 말 일이다. 약 몇 봉지 먹고 해결

될 우울이라면 차라리 사치스러운 감상이다. 센티멘털리즘이다. 인생의 현실은 훨씬 고통스럽고, 힘들고, 외롭고, 춥다. 오죽하면 자살하겠는가. 자살은 그들만의 문제가 아니다. 강 건너 사건이 아니다. 의지가 약한 사람들이 자살하는 것이 아니다. 인내의 한계에 달했을 때 인간은 자살을 생각하게 된다. 아무리 찾아봐도 피할 길이 보이지 않을 때, 도움이 될 만한 사람이 단 한 사람도 떠오르지 않을 때 죽음으로 뛰어내리는 것이다. 의지가 되고 이해해 줄 단 한 사람도 떠오르지 않을 때가 위기이다. 인생의 현실은 지독한 것이다. 그러나 내가 말하고 싶은 것은 '아플 만큼만 아프자' 는 것이다. 고통을 증폭시키는 심리적 원인들을 찾아 제거하고 현실적으로 살자는 것이다. 이렇게 사는 사람이 건강한 사람이고 인격이 성숙한 사람이다. 철든 사람이다.

삶이 끝없는 문제들의 연속이라고 하더라도 자기 삶 속에서 긍정적인 쪽을 잊지 말아야 한다. 나는 얼마 전 아침 출근길에 기분이 우울했다. 그러나 교정에 핀 눈부시게 하얀 목련을 보고 행복해졌다. 백목련은 내게 아픈 추억을 생각나게 한다. 1960년대 초 의과대학에 다닐 때 나는 고학생이었다.

게다가 결핵과 간염에도 걸렸었다. 나는 절망적이었다. 약 사 먹을 돈도 없고 기거할 집도 없었다. 당시 가정교사를 하던 집에서 구토증에 시달리고 있을 때 그 집 정원에 핀 백목련이 유난히도 쓸쓸해 보였다.

　　오늘 아침 나는 백목련을 보면서 고학하던 시절, 가정교사를 하던 집 정원에 피었던 그 백목련을 생각했다. 그리고 그때에 비해 지금 내가 얼마나 행복한 사람이 되었는가를 생각했다. 그때는 오버코트도 없이 겨울을 났는데 지금은 가볍고 따뜻한 오버코트가 있다. 그때는 키 172센티미터에 50킬로그램이던 체중이 지금은 68킬로그램이 되었다. 그때는 의사가 될 수 없을지도 모른다는 미래의 불확실성 때문에 초조했는데, 지금 나는 의사가 되었고 내 꿈이었던 의대 교수도 되었다. 내 삶의 긍정적인 면을 보면서 나는 밝은 기분을 회복했다. 되는 일이 없어서 고통스러울 때는 어려웠던 시절을 회상하고 밝은 쪽도 보자.

사실 나도 나를 잘 모른다

– 나를 이해하자

나를 고통스럽게 하는 '마음속의 아이'를 발견하는 방법에
는 여러 가지가 있을 수 있다. 스스로 자신에 관해서 생각을 해
볼 수도 있고, 관련된 책자를 읽거나 사람들을 만나거나 정신
분석가와 상담하는 것 등 다양하다. 마음이 고통이나 갈등이
란 방법으로 나에게 말을 걸어 올 때 내가 나를 이해할 수 있는
절호의 기회이다. '나'를 연구 대상으로 놓고 발견해 보자.

　　나를 이해하기 위해 가장 손쉽게 해 볼 수 있는 것이 자
신의 감정과 행동, 마음에 민감해지는 것이다. '이렇게 화낼

일은 아닌데 왜 이렇게 화가 나지?', '내가 왜 이런 식으로 행
동을 하나 모르겠네. 마음이 불편하다.', '저 사람이 특별히
잘못한 것도 아닌데 왜 이리 싫은 걸까?' 하는 의문이 들 때
자신의 무의식이 의식의 표면으로 떠오를 수가 있다.

　　'마음속의 아이'는 일상생활 중에 수없이 나타나서 우
리로 하여금 반복적인 행동을 하게 한다. 무엇이 자신의 마음
을 불편하게 하고, 하고 싶지 않은 행동을 하게 하는지 진정한
이유를 계속 파고 들어가다 보면 나에게 고통을 주는 마음속
아이를 발견할 수 있다. 자기 분석을 해 보는 것이다.

　　자기를 분석하는 방법 가운데 하나는 '반복되는 행동'
찾기이다. 자기 행동이나 감정 중에 반복되는 것이 있는가를
살펴보고 그것을 깊이 생각해 보는 것이 자신의 무의식을 이
해하는 방법이다. '나는 누가 조용히 하라고만 하면 불같이 화
가 난다'든지 '나는 남자가 다가오기만 하면 긴장이 돼서 몸
에 닭살이 돋아' 혹은 '나는 연상의 여성이 편해. 그동안 사귄
여성들도 다 연상이었어' 하는 등의 공통적이고 반복적인 행
동은 의미가 있다. 자세히 살펴보면 그럴 만한 이유가 있다.
연상의 여인은 어머니를 상징할 때가 많다. 어머니의 사랑에

배고픈 사람은 연상의 여인에게서 어머니를 찾는다. 남성 공포증의 경우는 대개 아버지에 대한 에디푸스 욕망에 뿌리를 두고 있는 경우가 많다. 아버지에 대한 자신의 욕망을 드러내는 것이 두려워 공포증으로 나타나는 것이다.

한 부인은 자기가 치마 입기를 아주 싫어한다는 것을 발견했다. 그녀는 유년기부터 남자애들하고만 놀았다. 총 싸움을 즐겼고 소꿉장난 같은 것은 시시해서 하지 않았다. 부부생활에서도 남성 역할을 부인이 했다. 스커트는 여성을 상징하는데 그녀는 여성성을 거부하고 있었다. 알고 보니 그녀는 오빠처럼 남자로 태어나고 싶었던 것이다. 그녀가 남자가 되고 싶었던 것은 오빠처럼 부모님으로부터 사랑 받고 싶었기 때문이다.

한 청년은 자위행위에 대한 죄책감에 사로잡혀 있었다. 그런데 그는 자기가 패배감에 빠졌을 때 자위행위를 한다는 것을 알게 되었다. 자위행위를 통해 자신의 힘을 확인하고 싶었던 것이다.

이렇듯 자기에게 반복적으로 나타나는 행동은 자신 안의 상처 받고 힘들어하는 마음속의 어린아이를 드러내는 경우가 많다.

　자기를 분석하는 또 하나의 방법은 꿈이다. 누구나 하룻밤에 4개 이상의 꿈을 꾼다. 꿈의 길이는 보통 5분에서 15분이다. 이 꿈이 우리의 무의식을 보여 준다. 이 사실을 인류에게 깨우쳐 준 책이 프로이트가 쓴 『꿈의 해석』이다. 꿈은 무의식의 소원을 보여 줄 뿐만 아니라 욕구불만을 해소시켜 주는 작용을 한다. 그래서 꿈 중에는 성적인 꿈이 많다.

　한 부인이 방안에서 불길이 타오르는 꿈을 꾸었다. 불속에 남자의 두 다리가 보였다. 놀랐지만 갑자기 부끄럽다고 느꼈다. 불이 났으니 "불이야!" 하고 소리쳐야 할 텐데 뜻밖에도 부인은 방문과 창문을 모두 닫았다. 자기 행동이 의아했다. 그녀는 꿈과 관련된 생각들을 이야기했다. 꿈에 본 남자의 다리를 어디서 본 듯했는데 그것은 남편의 다리였다. 당시 남편은 실직상태였고 우울해서 부부생활을 하지 못하고 있었다. 부인은 그 상황에서 일어나는 자신의 성적욕구를 부끄러워했다. 두 다리 사이의 불길은 정염, 욕구의 불길이었다. 남편이 그렇게 일어나 주기를 바라는 무의식적 소원이 꿈으로 나타난 것이다.

심근경색증으로 죽음을 눈앞에 두고 있던 미국의 한 정신분석가가 기차 꿈을 꾸었다. 기차 꿈은 죽음을 상징하는 경우가 많다. 기차여행은 목적지가 있고 목적지에 도착하면 기차에서 내려야 한다. 인생열차와 비슷하다. 기차 안에 책들이 펼쳐져 있었다. 차내 방송에서 기차가 곧 베를린에 도착한다고 했다. 펴 놓은 책들을 대강 가방에 담았다. 기차에서 내리려는데 플랫폼과 기차 사이가 너무 멀었고 그 사이에 깊은 낭떠러지가 보였다. 그는 몇 걸음 물러났다가 힘껏 뛰어 겨우 플랫폼에 내릴 수 있었다.

그리고 잠을 깼다. 그는 꿈에 대해서 생각했다. 베를린은 그의 아버지가 돌아가신 도시였다. 차 안의 책은 그가 일생동안 읽은 것들로 이제는 덮어야 하는 지식이었고, 플랫폼은 인생의 기차에서 내려 건너가야 할 죽음의 세계를 상징하고 있었다. 죽음을 받아들인다는 것은 어려운 일이다. 그래서 죽음을 받아들이는 꿈을 꾸었다.

꿈을 해석하면 자신의 무의식이 보인다. 프로이트도 자신의 꿈을 분석해 자기분석을 했다. 혼자서 꿈을 분석하는 방법은 머리맡에 노트를 준비해 두었다가 잠에서 깨자마자 기억

나는 대로 적어 보는 것이다. 스토리가 연결되지 않아도 괜찮다. 생각나는 장면만 적어 둔다. 꿈속에서 느꼈던 감정도 기록한다. 그리고 꿈과 함께 떠오르는 생각들을 모아 보는 것이다. 순서나 논리적인 연결에 신경 써서는 안 된다. 수치심이나 도덕적 판단에 구애 받아서도 안 된다. 직접적인 연관이 없어 보여도 무조건 적어 두었다가 전체적으로 읽어 보면 자신의 무의식에 대한 그림이 그려진다.

런던에서 분석을 받고 있을 때 나는 벌 꿈을 꾼 적이 있다. 40대로 보이는 서양남자가 투명한 병을 들고 왔다. 병 안에는 큰 벌들이 잔뜩 들어 있었다. 그는 내게 "이 병 안에는 좋은 꿀을 내는 벌이 있습니다. 내가 보여 드리지요"라고 말했다. 그리고는 병뚜껑을 열고 맨손을 병 속에 넣었다. 순간 나는 벌에 쏘이면 어쩌려고 저러나 싶어 걱정을 했다. 그는 매미만큼이나 큰 벌을 잡아서 벌의 배 부위를 나에게 보여 주었다. 인상적이었던 것은 벌의 배가 부드러운 갈색 털로 덮여 있는 것이었다. 털이 없는 맨살 부분이 유난히도 눈에 띄었다. 장면이 바뀌면서 한복을 입은 어머니가 나타났다. 나는 어머니에게 "어머니, 좋은 꿀을 내는 벌이에요" 하며 꿀 병을 드렸다.

어머니는 40대의 젊은 모습이었다.

　나는 분석시간에 꿈에 대해서 이야기했다. 벌은 나의 분석가를 상징하고 있었다. 그의 이름이 'B'로 시작되었고 벌도 영어로 'Bee'이다. 분석가는 유태인이었는데 수염을 길러 얼굴이 온통 갈색 수염투성이였다. 털이 없는 귀 부분, 이마와 입술의 맨살이 인상적이었다. 벌의 배에 난 갈색 털이 분석가의 수염이었다. 나는 꿈속에서 벌에 쏘일 것을 걱정했다. 당시 나는 분석가에게 비난받을까 봐 걱정하고 있었다. "한국에서 교수라던데 영어가 왜 이렇게 형편없어요?" 하고 말이다. 그러나 나는 분석가에게 꿀을 얻고 있었다. 정신분석이라는 꿀 같은 경험을 하고 있었던 것이다. 어머니에게 꿀 병을 드리는 것은 내 일생을 보여 주는 장면이었다. 나는 11남매의 아홉째 아들이었다. 더구나 어머니는 나를 유산시키려 했다. 나는 살아남기 위해, 그리고 어머니의 관심을 얻기 위해 모범생이 되어야 했다. 어머니에게 꿀을 갖다 드려야 했다.

　마음속의 어린아이를 아는 또 하나의 방법은 정신분석을 받는 것이다. 정신분석은 무의식으로 여행을 떠나는 것이다. 분석가와 함께 간다. 여행 중에 다양한 경험을 한다. 잊혀

졌던 기억들이 떠오르고 무의식이 이해되면서 자신을 괴롭히던 증상이 사라지고 성격이 개조된다.

정신분석은 오스트리아 사람 지그문트 프로이트가 시작했다. 이 업적으로 타임지는 프로이트를 지난 1000년간 인류에게 큰 도움을 준 과학자 10명 중 한 사람으로 뽑았다. 지난 100년 동안 정신분석은 인간의 모든 학문에 응용되었다. 특히 정신질환의 치료법으로 이용되었다. 정신분석은 인류의 큰 재산이다. 그러나 불행히도 우리나라에는 분석가도 적고, 정신분석에 대한 일반인들의 이해가 깊지 못해 충분히 이용하지 못하고 있는 실정이다.

정신분석은 시간이 많이 걸린다는 어려움이 있다. 일주일에 4회, 한 번 만날 때마다 45분 내지 50분을 만난다. 기간은 미리 정하지 않는 것이 보통이지만 적어도 2년 이상을 잡아야 한다. 본격적인 분석을 시작하기 전에 3~4회의 예비면담을 한다. 분석에 적합한가를 평가하기 위한 것이다. 적당하지 않은 사람과 분석을 시작했다가 도중에 탈락하면 서로가 실망이 크기 때문이다. 분석에 적합하지 않은 사람들은 다른 치료법을 택할 수도 있다.

나 자신도 런던과 샌디에이고에서 350여 시간 개인분석을 받았다. 분석이 시작되면 환자는 카우치(분석용 긴 의자)에 눕는다. 분석가는 피분석자에게 "떠오르는 생각은 무엇이나 말씀하십시오. 되도록 편하게 생각하시고 솔직하려고 노력하십시오. 부끄럽다고 떠오르는 생각을 막거나 피하지 마시고 떠오르는 대로 말씀하십시오"라고 말한다. 이는 자유연상기법을 설명하는 말이다. 자유연상을 돕기 위해 분석가는 자신을 보지 못하도록 피분석자의 머리 뒤쪽에 앉는다. 생각보다 안락하고 편안한 분위기다.

정신분석을 받으며 나는 신비로운 경험을 많이 했다. '아하! 그랬었구나!(Aha reaction)'하며 너무나 신기해서 웃음을 참기 힘들 때도 있었고, 몇 시간 동안 하염없이 눈물을 흘린 날도 있었다. 어느 날은 나의 인생이 한순간에 파노라마처럼 눈앞에 펼쳐지기도 했다. 그리고 마음 깊은 곳에서 자랑스러운 자신이 느껴지기도 했다. 나 자신을 더 깊이 이해하면서 느낀 감정은 평안과 기쁨, 그리고 자유로움이었다.

3단계

현실을 인정할 때 오는 평화로움

– 그 힘을 느껴 보자

내 경험에 따르면 인생의 고통은 현실을 회피하는 데서 시작된다. 그리고 많은 인생의 고통은 현실을 인정할 때 극복된다. 미국 정신과의 스트레스 센터에서 회원들에게 가르치는 기도문이 있다.

"주여, 제가 '바꿀 수 있는 일'은 바꿀 수 있도록 힘을 주옵소서. 그러나 제가 '바꿀 수 없는 일'은 그것을 받아들일 수 있는 인내심을 주옵소서. 그리고 제게 '바꿀 수 없는 것'과 '바꿀 수 있는 것'을 구별할 줄 아는 지혜를 주옵소서."

공감이 가는 기도문이다. 바꿀 수 없는 현실을 그대로 받아들일 때 스트레스가 극복된다. 이는 휴의 경우에서도 볼 수 있다. 휴는 자신의 어린시절의 경험을 인정하고 받아들였다. 형을 편애하는 아버지와 그것을 누리는 형을 인정했다. 그것이 현실이었다. 그러나 그것은 과거의 일이었던 것이다. 유년기의 아버지를 끝내 인정하지 못하고 원망하거나 보상 받으려고 매달리면 마음속의 아이로 살 수밖에 없다. 그 아이로부터 해방될 수 없다. 머리로만이 아니라 가슴으로 받아들여야 한다. 불만족스러운 자신의 모습을 볼 때도 '너 왜 그 모양이니?' 하고 비난하지 말고, '나름대로 너는 최선을 다했어' 라고 인정해 주는 게 좋다. 현실을 인정하고 받아들이지 않으면 고통에서 벗어날 수 없다.

미국에서 있었던 일이다. 한 미국인 병사가 월남전에서 전사했다. 국무성은 부인에게 남편의 유골과 함께 부인의 사진이 든 지갑 등의 유품을 전했다. 수개월 후 부인은 대통령에게 탄원서를 보냈다.

"제 남편은 죽지 않았어요. 뭔가 착오가 일어난 거예요. 그이는 월남의 밀림 속에서 구조의 손길을 기다리고 있어요.

수색명령을 내려 주세요."

　　그녀의 남편은 확실히 전사했다. 그러나 부인은 그 사실을 받아들일 수가 없었다. 남편의 죽음을 인정한다는 것은 너무나 큰 아픔을 주기 때문이었다. 부인은 신문사와 각계에 탄원서를 보냈다. 그러나 돌아오는 회답은 남편의 죽음에 대한 확인뿐이었다. 좌절감 속에서 부인은 냉정한 세상을 원망했다. 밀림 속을 헤매는 남편의 환상 때문에 부인의 생활은 점점 파괴되어 갔다. 부인의 심정은 이해하지만 남편이 죽었다는 현실을 인정하지 않는다면 부인은 정신적 고통에서 벗어날 수 없을 것이다.

　　남편을 잃은 부인들이 흔히 이 부인과 같은 심리에 빠진다. 한 부인은 남편의 크고 작은 사진을 방마다 도배하듯이 붙여 놓고 밤낮으로 들여다보고 있었다. 날마다 남편의 무덤에서 많은 시간을 보냈고 남편의 친구들을 찾아다니며 오랜 시간을 남편 이야기만 했다. 남편이 얼마나 훌륭했는지, 얼마나 멋진 남자였는지, 친구들에게는 얼마나 인기 있는 친구였는지를 이야기하고 또 이야기했다. 남편 이야기를 할 때는 마치 남편이 살아 돌아오기라도 한 것처럼 밝아지고 생기가 돌았다.

심리적으로 그녀는 남편의 죽음이라는 현실을 부정하고 있었다. 부인은 점점 야위고 쇠약해져 갔다. 이래서는 안 된다. 남편의 죽음을 인정하고 그를 떠나보내야 한다. 그러나 남편 없는 현실을 인정한다는 것은 쉽지가 않다.

퇴근 시간이면 어김없이 초인종을 누르던 남편의 발자국 소리가 아파트 복도에서 들려오는 것 같다. 옷장을 열면 남편의 체취가 물씬 풍기는 점퍼, 옷장 구석에서 발견된 넥타이가 남편을 생각나게 한다. 외출하려고 옷을 고르다가 남편이 좋아했던 화사한 꽃무늬 원피스를 보아도 남편의 웃는 모습이 떠오른다. 남편과 함께 갔던 식당 앞을 지나게 되었을 때도 남편은 또 살아나서 그녀를 울린다. 남편의 친구들이 보내오는 자식들의 청첩장, 앨범 속에서 우연히 보게 된 남편의 옛 모습, 아들의 행동 속에서 불현듯 보이는 남편의 모습이 그녀를 괴롭힌다.

그래도 마음을 지독하게 먹고 현실을 인정해야 한다. 사진을 떼어 버리고, 무덤에도 그만가고, 남편 이야기도 그만하고…. 그래도 남편 생각이 날 때는 "그만!" 하고 스스로에게 외치고 관심을 다른 데로 돌려야 한다. 빨래를 하든지, 자식들을 위해서 음식을 만들든지, 아파트 주위를 한 바퀴 도는 것도 좋다. 친구에게 전화하는 것도 방법이다. 헬스클럽에 가서 땀내고 뛰는 것도 좋다. 그렇게 해서 남편 생각을 은근히 즐기려는 유혹을 뿌리쳐야 한다. 이렇게 노력해도 6개월은 걸려야 남편을 잃은 슬픔을 어느 정도라도 극복할 수 있게 된다. 현실을 받아들이는 데 소요되는 시간이다.

아무리 힘든 현실이라도 현실을 인정해야 그 고통에서 해방될 수 있다. 현실을 외면하고 좋았던 추억 속에서만 머물러 산다면 영원히 그 고통에서 나올 길은 없는 것이다. 직면하기 끔찍해 외면했던 일이라도 일단 인정하면 더 이상 나빠질 것이 없다. 오히려 마음이 편안해지고 담대해진다. 현실을 인정하면 놀라울 정도로 평화로워진다. 고통을 피하느라 쫓기고 움츠러들었던 마음이 무엇이든 감당할 수 있을 것 같은 마음으로 바뀐다. 현실을 이해하고 인정하는 것이 주는 놀라운 힘이다.

대기업에 다니다가 육십이 넘어 목사가 된 사람이 있었다. 그는 주변 사람들 사이에서 '산소 같은 남자' 라 불렸다. 융통성이 없어 답답하긴 했지만 아주 선량하고 순수한 사람이었다. 그런데 부인은 정반대 유형이었다. 약간은 남성적이고 별로 상처 받는 타입도 아니고, 생활력이 강하고 씩씩했다. 어느 날 이 부부가 싸움을 했다. 싸움 중에 남편은 부인에게 좀 심한 말을 하고는 하루 종일 자신이 뱉은 말 때문에 후회했다.

'내가 너무 심한 말을 했어. 그 말까지 하지는 말았어야 했어.'

그는 점심까지 거르고 고민을 하다가 사과를 하려고 집에 일찍 들어갔다. 그런데 웬걸, 아내는 "왜 이렇게 일찍 들어왔어요?" 하며 아무렇지도 않은 것이었다. 그래서 오히려 화가 나고, 자기만 속을 끓인 게 너무 억울했다. 이건 작은 예일 뿐, 매사가 그랬다. 그래서 부인과 자기는 정말 맞지 않는 상대라고 생각하며 살았다.

그런데 어느 날 문득 이런 생각이 들었다. '그래, 내 아내는 방앗간 저울이고, 나는 금은방 저울이야.' 방앗간 저울은 큰 쌀가마니를 올려놓지 않으면 끄떡도 안한다. 그러나 금은방 저울은 몇 그램만 올려놓아도 확 기운다. 방앗간 저울에게 금은방 저울처럼 섬세한 무게까지 느껴 달라고 요구하는 것은 무리다. 그렇게 생각하니 아내가 이해되고 편해졌다. 아내라는 방앗간 저울을 인정하고 받아들이니 편해진 것이다. 상대와 자기의 다름을 인정하고 받아들인 것이다. 그리고 결혼한 지 25년 만에 부인과 사는 게 편해졌다고 했다.

　부인의 성격은 하루아침에 만들어진 것이 아니다. 평생에 걸쳐서 만들어진 성격을 집 고치듯이 고치라고 요구하는 것은 현실을 모르는 요구다. 자신의 성격도 마찬가지다. 성격을 고치기가 그렇게 쉬운 것이 아니다. 서로 다른 성격을 인정하고 이해하는 부부가 행복한 부부이다. 그리고 불리할지라도 현실을 인정하고 받아들이는 사람이 성숙한 인격자이다.

　물론 현실을 인정한다고 갈등이 완전히 해결되는 것은 아니다. 휴도 완벽한 자유가 아니라 부분적인 자유를 얻었을 뿐이다. 인간은 끊임없는 도전 속에서 산다. 소아정신분석가인 안나 프로이트의 말처럼 갈등이 완전히 해결된 인간이란 없는 것이다. 인간은 자신에게서 늘 떠나지 않는 갈등을 보다 쉬운 갈등으로 바꾸면서 성장해 간다. 안나 프로이트의 이 말은 오히려 위안과 평안을 준다. 나만 늘 갈등 속에 사는 것이 아니라는 사실을 확인할 수 있고　내가 다룰 수 있는 갈등은 그리 큰 문제가 아니라는 얘기이기 때문이다.

있는 그대로의 자신을 사랑하게 된 소년
- 소설 『끝없는 이야기』의 바스티안

주인공 바스티안은 작고 뚱뚱하고 소심하며 가정과 친구들에게 따돌림을 당해 외롭고 주눅 든 소년이다. 어느 날, 바스티안은 우연히 『끝없는 이야기』라는 책을 읽게 된다. 바스티안은 위험에 처한 환상세계를 구하러 책 속으로 들어가 갖가지 환상적인 모험을 겪는다. 그는 소설 속 나라를 위기에서 구해 준 덕에 소원을 이루어 주는 신기한 메달 '아우린'을 받게 된다.

바스티안은 '아우린'의 힘을 빌려 현실에서의 자신을 지워 가며 스스로를 점점 더 멋지고 강하게 만들어 나간다. 무한한 용기, 무제한의 권력, 아름다움의 극치를 체험하면서 오만과 과대망상에 빠지게 된다. 그러나 그 메달은 소원 한 가지를 들어줄 때마다 기억 한 가지를 잊어버리게 하는 것이었다. 바스티안은 결국 현실세계에서 가졌던 모든 것은 물론 자아마저 잃어버리게 된다. 자신이 누구인지 잊어버린 바스티안은 영영 현실로 되돌아갈 수 없을지도 모를 처지에 놓인다. 마지막 두세 가지 소망만을 이룰 수 있는 기회를 남겨놓았을 때 바스티안은 '있는 그대로의 자기로서 사랑 받기'를 갈망하게 된다. 좋든 나쁘든, 아름답든 추하든, 현명하든 어리석든, 모든 자기의 결점을 포함해서 사랑 받기를 갈망한 것이다.

'변화의 집'에 당도한 바스티안의 소망은 더욱 강렬해진다. '위대하고 강한 사람'이 아니라 '스스로 사랑할 수 있는 사람'이 되고 싶다는 그의 소망은 '생명의 물'을 마시고 난 뒤에야 가능하다는 것을 알게 된다. 친구들의 도움으로 마침내 생명의 물을 마시게 되었을 때 바스티안은 머리끝부터 발끝까지 기쁨이 차오름을 느낀다. 있는 그대로의 자기라는 기쁨으로. 자기가 누구이며 어디에 속해 있는가를 알게 된 바스티안은 새로 태어난다. 먼 훗날 바스티안이 자기의 세계로 돌아와 어른이 되었을 때에도 그는 이 기쁨을 간직하며 다른 이들에게도 위로를 주는 사람이 된다.

소설 속에서 바스티안이 들어가는 환상세계는 그가 피하고 싶은 현실로부터의 도피처이다. 한편 온갖 모험들로 가득 찬 환상세계는 그가 그리는 심리적 현실이라고 할 수 있다. 그가 갖게 된 '아우린'은 심리적 현실과 실제 현실의 갈등을 상징하고 있다. 심리적 현실에 만족할수록 실제 현실은 빈약해진다. 그의 모험여행은 실제 현실을 회복하기 위해 자아가 겪는 갈등이라고 볼 수 있다. 환상세계에서 바스티안의 멋진 모습은 허상에 불과했다. 바스티안은 허상보다는 못났지만 자신의 실제 모습이 더 중요하다는 것을 깨닫고 현실로 돌아왔다. '있는 그대로'의 자신을 받아들이고 사랑하게 되면 바스티안처럼 자신감을 가지고 현실을 헤쳐 나갈 수 있게 되는 것이다. 책방 주인 코레안더는 소설의 끝에서 이렇게 말한다.

"환상세계에 갔다가 다시 돌아오는 사람들은 양쪽 세계를 다 건강하게 만든다."

4단계

좋아도 내가 좋아하고 미워도 내가 미워한다

– 내가 내 마음의 주인이다

1960년대 유럽을 휩쓸었던 학생운동의 정신적 지주이자, 우리나라 민주화운동에도 커다란 영향을 끼쳤던 독일의 신학자 본회퍼. 나치독일에 저항하다 서른 아홉의 나이에 순교한 그가 감옥에서 쓴 시가 있다.

나는 도대체 누구인가?
감방에서 나오는 나의 모습이 마치 자기 성에서 나오는 영주처럼, 태연하고 명랑하고 확신에 차 있다고 남들은 늘 말하지만…

도대체 나는 누구인가?

간수들과 얘기하는 나의 모습이, 마치 내가 그들의 윗사람인 것처럼 여유 있고 자유스럽고 다정하게 보인다고 남들은 늘 말하는데… (중략)

나는 정말 사람들이 말하는 것과 같은 사람일까?

그렇지 않으면 다만 나 자신이 알고 있는 나에 지나지 않는 것일까? 새장 속의 새와 같이 불안에 떨며 그리워하다가 병이 들고, 질식할 것 같은 답답함에 몸부림치며, 사소한 모욕에도 분노로 몸을 떤다. (중략)

나는 도대체 어떤 사람일까?

이 고독한 물음이 나를 비웃는다. 내가 어떤 사람이건, 아! 하나님, 당신은 저를 아시옵니다. 저는 당신의 것이옵니다.

　　감동적인 자기 고백이다. 남들의 눈에 보이는 그는 영주처럼 용감하고 태연하지만, 내면에서 그는 어린 새처럼 불안에 떨고 있다. '남들이 보는 나'와 '내 속에서 내가 만나고 있는 나' 중에 어떤 '나'가 진정한 '나'인가 하는 질문을 스스로에게 하고 있는 것이다. 자기 정체성에 대한 질문이다.

인생관과 가치관이 선명한 사람이 건강한 사람이다. 주체성이 확실한 사람이 성숙한 사람이다. 정체성이 확립된 사람이다. 이런 사람은 판단도 합리적으로 내리고 취사 선택도 명쾌하다. 우물쭈물 우유부단하지 않다. 할 일과 안 할 일을 구별하고 내 일과 남의 일이 선명하게 구별된다. 남의 판단에 의존하거나 남을 졸졸 따라다니지도 않는다. 남의 눈치 볼 필요도 없다. 판단과 선택의 주체가 선명하다. 자기가 마음의 주인이다. 이렇게 사는 사람은 정신병에도 걸리지 않는다.

우리의 휴는 자기가 마음의 주인이 되지 못했었다. 어릴 때는 아버지가 그의 마음의 주인이었다. 성인이 되어서는 사장이 그의 마음의 주인이 되었다. 그래서 그들의 인정을 받기 위해 필사적으로 노력했고 버림받을까 봐 노심초사했다. 휴가 자신이라고 생각했던 것은 유년기의 체험 때문에 생긴 '마음속의 아이'였다. 그 아이가 휴의 마음과 행동을 지배하고 있었다. 그러나 이 사실을 깨닫고 휴는 해방되었고, 마음의 주인 자리를 차지하게 되었다.

마음의 주인으로 살아야 한다. 남이 내 마음에 들어와

서 큰소리치지 못하게 해야 한다. 유년기에 상처 받은 내 마음 속의 아이가 그 자리를 차지하게 해서도 안 된다. 이 정체성이 흔들릴 때 정신적 위기가 찾아온다. 좋든 싫든 어른인 내가 판단하고 선택하는 주인 노릇을 해야 한다. 미워도 내가 미워하고 좋아도 내가 좋아한다. 하나님을 믿어도 내가 믿는다. 남의 눈치를 보며 남이 미워하면 따라 미워하고 남이 박수 치면 나도 따라 박수 치는 인간은 바람에 나는 겨와 같아서 정신적으로 매우 허약해진다.

자유로운 인생을 살기 위해서 우리는 우선 자신의 주인이 되어야 한다. 인생은 내가 주인이 되어서 산 만큼만 내 인생이다. 남들의 욕구와 기대, 판단에 맞춰 산 인생은 아주 모범적인 인생으로 보일 수 있다. 그러나 그 사람은 자기 자신의 인생을 산 것이 아니라 '유사 자기(false self)'의 인생을 산 것이어서 내면의 행복을 느끼기 힘들다. 허무한 인생이 되기 쉬운 것이다. 자신의 부족함이 드러날까 두려워 혹은 다른 사람을 실망시킬까 두려워 자기 생각과 자기 감정을 드러내지 못하고 산다면 그것은 한번뿐인 내 인생을 노예로 전락시키는 것이고 다른 사람을 주인으로 모시며 살아가는 것이다.

그들은 주변 사람들에게 사랑 받지 못하고 인정 받지 못할까봐 두려워 한다. 어린시절 부모의 말을 듣지 않았을 때 부모가 나를 야단치고 싫어하던 그 느낌이 너무 외롭고 힘들었던 것이다. 부모의 사랑을 잃을까봐 두려워했던 내 안의 어린아이가 나를 잡고 있기 때문에 생기는 두려움인 것이다.

다른 사람들과 다르더라도 자신만의 생각과 마음을 표현해 보라. 다른 사람을 무시하거나 잘난 체 하기 위해서가 아니고 다만 진솔한 내 마음을 표현하는 것이라면 다른 사람에게도 그 진실이 통하게 된다. 당신 생각과는 달리 사람들은 그 다름을 자연스럽게 받아들일 것이다. 혹 그것 때문에 누군가의 사랑과 인정을 잃었다면 그 사랑과 인정은 어쩌면 당신의 인생에 그리 중요하지 않은 것일 수도 있다.

■ 5단계

"당신이 세상에서 제일 예뻐요"

– 좋은 반사 대상을 만들자

정신분석가 하인즈 코허트는 "인간에게는 거울 같은 인물이 필요하다"고 했다. 정신분석 용어로는 '자기 반사 대상 (mirroring self object)'이라 한다. 자신의 긍정적인 면을 비춰 주고 격려해 주는 인물이 필요하다는 것이다.

코허트는 환자들을 분석하다가 열등감이 심하고 쉽게 상처 받고 허무하게 무너지는 사람들을 보았는데, 그들은 어릴 때부터 자기를 알아주고 비춰 주는 인물을 갖지 못한 사람들이었다. 사실 아이들은 자기가 누구인지 모른다. 예쁜 아이

세상의 '휴'들에게 267

인지 소중한 아이인지 아이들은 자아상이 없이 태어난다.

정신의학자들이 아이들을 관찰한 보고서에 따르면 아이들은 다만 본능적으로 자기가 위기에 처하면 누군가 달려와 보호해 줄 것이라는 믿음을 갖고 태어난다고 한다. 그리고 자기는 아주 중요한 사람이기 때문에 보호자는 자기에게 충성을 다할 것이라는 믿음을 가지고 있다는 것이다. 실제로 아이가 태어나면 엄마는 아이의 충성스런 종이 된다. 그것도 기쁨으로 봉사하는 종이다. 늘 곁에서 대기하고 있을 뿐만 아니라 아이의 요구에 즉각 반응한다. 그리고 아이가 방긋 웃어 주기라도 하면 왕의 은총을 받은 신하처럼 황홀경에 빠진다. "이 아이는 나만 좋아한다니까" 하면서 자랑한다.

그래서 프로이트는 "아이는 집안의 황제다"라고 했다. 이것이 정상적인 모자, 모녀 관계이다. 잘 배운 어머니나 못 배운 어머니나, 정상적인 어머니들은 다 이런 관계를 만든다. 아이는 엄마의 반응을 보고 자아상을 그린다. 엄마라는 거울에 비추어진 자기의 모습을 보고 자기 모습을 확인하는 것이다. '나는 예쁜 아이구나!', 그리고 '나는 중요한 아이구나!' 하는 자아상을 형성한다. 이 자아상이 자기 사랑의 기초가 된다.

'건강한 자기애(healthy narcissism)'가 이때 형성되는 것이다.

건강한 자기애는 인격의 핵심이 된다. 인격이 튼튼한 사람이 된다. 이런 사람은 자존심이 쉽게 상처 받지도 않고 깨지지도 않는다. 인기에 굶주릴 필요도 없다. 내가 소중한 사람인 것처럼 이웃도 소중하다는 것을 알고 남의 권리를 존중해 준다. 내적 공허감이 없으니 탐욕스럽지도 않고 남의 것을 착취하지도 않는다. 스트레스에도 강해 정신병에도 잘 걸리지 않는다. 유년기에 아이가 엄마를 보며 "엄마 나 예뻐?" 하고 물어 보았을 때 엄마가 "그럼 우리 아가 예쁘지!"라고 웃어 주는 반사반응이 아이의 인생에 이렇게도 중요한 것이다.

유년기에 이런 거울 역할을 해 주는 엄마를 갖지 못한 사람들은 더욱 이런 인물이 필요하다. 자신의 마음을 비춰 주고 격려해 줄 반사 대상을 찾아야 한다. 이런 대상은 어리고 미숙한 사람에게만 필요한 것이 아니다. 나이 먹은 어른들도 적당한 반사 대상을 가질 필요가 있다. 인생을 살다가 자신이 한없이 초라하고 한심해 보여서 괴로울 때 반사 대상은 우리를 나약하다고 비난하거나 부끄럽게 하지 않고, 안심시키고 격려해 준다. 마치 덩치 큰 아이에게 맞고 울며 돌아온 아이가 엄마에게 위로 받고 용기를 회복하는 것과도 같다.

　우리는 거울 없이 자기 얼굴을 볼 수 없다. 타인은 자기를 비추는 거울이다. 인간은 타인을 통해서 자기를 본다. 타인과 얘기를 나누는 가운데 타인의 거울에 비친 내가 보인다. 타인이 나를 긍정적으로 반사해 주면 나도 나를 긍정적으로 보게 되고 부정적으로 반사하면 나도 나를 부정적으로 여기게 되기 쉽다. 자신의 주변에 늘 잘못을 지적하고 죄책감을 느끼게 하는 사람이 있다면 거리를 두는 것이 좋다. "다 너를 위해서"라고 얘기한다 해도 그들의 얘기를 들으며 잘못된 것을 고치려는 마음보다 자신이 뭔가 잘못된 사람처럼 느껴진다면 그들은 당신의 좋은 반사 대상은 아니다. 우리는 같은 잘못을 지적받더라도 지적하는 사람의 의도에 따라 상처를 받기도 하고 좋은 충고를 들었다고 생각하기도 한다. 좋은 의도를 가지고 있는 사람들과 만나는 것이 좋은 거울을 갖는 것이다. 나에게 '따뜻한 긍정과 관심'을 가지고 멘토(mentor)의 역할을 해 줄 수 있는 사람을 찾아보자.

　멘토란 그리스신화에서 유래한 단어이다. 고대 그리스의 왕 오디세우스가 트로이 전쟁에 출정하면서 가장 믿을 만한 친구인 멘토에게 자기 아들을 부탁했다. 그후 멘토는 10년 동안 오디세우스의 아들을 친구이자 상담자, 때로는 아버지가 되어 돌보아 주었다. 왕자는 멘토에게 인생의 지혜와 삶의 철학까지 모든 것을 배울 수 있었다. 이렇게 해서 멘토라는 단어는 인생의 안내자, 혼자만의 비밀을 털어놓을 수 있는 사람 등의 의미로 사용하게 되었다. 나를 비판하거나, 평가하지 않을 것이라는 믿음을 가지고 마음을 터놓고 얘기할 수 있는 멘토, 그들은 당신의 친구나, 선배, 직장상사일 수도 있고 신부, 목사일 수도 있다. 당신 주변에 이미 준비된 멘토들이 있을 수 있으니 주변을 둘러보자.

정신과 의사를 찾는 것도 권할 만한 방법이다. 우리나라 사람들은 아직까지도 정신과를 찾으면 '미친 사람'이거나 '머리가 돈 사람' 취급을 한다. 그래서 정신과의 문턱 넘기를 주저한다. 정신과 찾기를 주저하는 이유 가운데 하나는 정신병 진단을 받는 것이 두려워서이다. 하지만 현대인들은 정도의 차이가 있을 뿐, 누구나 약간의 정신적 문제를 안고 있다. 어떤 사람들은 자신도 모르는 어떤 심리적인 문제가 터져 나올까 봐 정신과 의사 만나기를 두려워하기도 한다. 그러나 정신과 의사들은 사람들이 무얼 두려워하는지 잘 안다. 사람의 마음에 대해서 지혜로운 전문가들이 정신과 의사이다. 자신의 문제를 정신과 의사와 나누는 동안에 문제의 핵심이 이해되고 무의식의 갈등이 풀리는 경우가 많다. 휴도 처음에는 정신과 의사를 만나러 오는 것을 주저했다. 그러나 낫지 않는 설사 증세를 고치기 위해서 정신과 의사를 만나야 했다. 덕분에 그는 30년 묵은 자신의 고통을 치유해 냈다.

6단계

내가 해결의 열쇠를 쥐고 있다
- 내가 먼저 손 내밀자

우리는 흔히 이렇게 생각한다. '아내가 달라지면 결혼생활
이 행복할 텐데…', '저 지독한 사장이 없어지면 회사 생활이
편할 텐데…' 하지만 당신 자신이 상처 받기 쉬운 사람이라면
남들이 변한들 달라질 게 무엇이 있겠는가? 상황이 문제가 아
니라 사람이 문제이다.『하나님의 지하운동』을 쓴 리처드 범
브란트 목사의 사례는 우리에게 '사람이 문제'라는 것을 잘 보
여 준다.

　　범브란트 목사는 루마니아가 공산화되면서 구속되어

지옥 같은 감옥생활을 하게 된다. 그 죽음의 감옥에서 살아 나간 사람은 단 한 사람도 없었다. 범브란트는 죽음의 감옥에서도 복음을 전했다. 그는 자신도 중환자이면서 다른 환자에게 빵을 나누어 주었다. 범브란트 목사 때문에 살벌하던 감옥이 사랑과 소망의 분위기로 바뀌었다.

어느 날 죄수 가운데 한 사람에게 설탕 한 덩어리가 들어왔다. 감옥에 있는 사람들은 모두 눈빛이 달라졌다. 그러나 설탕 주인은 그걸 먹어 치우지 않고 자신보다 더 아픈 사람을 위해 아껴 두자고 했다. 설탕 주인은 끝내 설탕을 먹지 않고 다른 환자를 위해 아껴 두고 죽었다. 그후로도 설탕은 오래도록 감옥을 돌고 또 돌았다. 마지막 임종의 순간에도 환자들이 '자신보다 더 아픈 다른 사람을 위해서' 설탕을 사양했기 때문이다. 지옥 같은 상황에서 죽어 가면서도 그들은 '나보다 더 약한 환자를 위하여' 설탕을 사양하는 도덕적인 힘을 갖고 있었던 것이다. 비참했던 감방이 범브란트 목사 한 사람으로 인해 천국이 된 것이다.

이렇게 어떤 사람이 그곳에 있느냐에 따라 상황은 달라질 수 있다. 그곳에 있는 사람의 마음가짐에 따라서 상황은 다르게 지각된다. 미숙하거나 노이로제를 가진 사람들은 흔히 환경 때문에 자신이 병들었고 괴롭고 무능력해진다고 한다. '환경이 좋아지면 나는 유능해지고 모든 것이 좋아지며 대인관계도 원만해질 거야.'라고 생각한다. 그리고 그런 환경을 원망하고 부모나 남편, 상사, 동료 등을 원망한다. 그러나 상황보다 더 중요한 것은 그 상황 속에 있는 인간이다.

부부문제를 상담할 때 문제를 자기에게서 발견하고 고치려는 태도를 보이는 부부는 문제 해결이 쉽다. 그러나 끝끝내 자기의 문제를 부인하고 상대편의 문제만 고치라고 요구하는 부부는 어렵다. 자기를 고치는 것이 상대를 고치는 것보다 쉽다. 사실 인간은 간단한 버릇 하나 고치기도 어렵다. 자발적으로 고치려 해도 어려운데 강요로 고쳐지기는 더욱 어렵다. '내가' 변해서 성숙한 행동을 하려고 노력해야 한다.

이 책을 읽는 동안 당신은 자신 안의 어린아이가 무엇인지 생각해 보기도 하고, 새삼 부모님과 자신과의 관계를 다시 생각해 보기도 했을 것이다. 이미 내면의 변화가 진행되어 있을 수도 있다. 하지만 여전히 남아 있는 문제들이 있을 것이다. 지금까지 우리의 여정은 나 자신과의 대화였다. 내 문제에 대한 이해와 통찰은 다른 사람과의 관계 속에서 그 효과가 나타난다. 내면의 어린아이가 드러나고, 내가 그 아이로부터 벗어나면 어린시절 많은 영향을 미쳤던 부모님과의 관계가 회복되고 자신과 가장 가까운 사람들과의 관계가 회복된다. 그러나 이 회복의 과정은 저절로 이루어지지는 않는다. 나를 힘들게 한 상대방에 대한 힘든 용서의 과정이 필요하다. 어린아이로부터 먼저 벗어난 사람이 먼저 용서를 시작할 수 있다.

어린시절 자신에게 상처를 입힌 상대는 아버지일 수도 있고 어머니일 수도 있다. 아마도 지금까지의 과정을 거쳐 어느 정도는 용서가 되었을 것이다. 이제는 보다 적극적으로 용서하기 시작하자. 용서는 구체적인 사랑의 행위이다. 물론 용서는 쉽지 않다. 그래서 용서란 고슴도치를 껴안는 것이라고 한다. 그만큼 고통과 희생을 감수하는 것이다. 이제 그 사람을 찾아가서 마음을 터놓고 과거의 감정을 얘기할 필요도 있다.

용서란 상대방이 어떤 일을 했어도 그 사람을 받아들이겠다는 지속적인 약속이다. 한 번의 행동에 그치지 않고 그 용서의 약속을 지켜 나가도록 늘 자신을 점검하고 두 번, 세 번 용서하는 행동을 반복해야 할 것이다. 나를 괴롭혔던 상대는 자기 입장이 있었을 것이다. 아버지의 외도로 힘든 날을 살고 있던 어머니라면 그래서 어린 나를 방치했을 수도 있다. 또는 먹고 살기가 너무 힘들어 자식에게 먹을 것을 주는 것이 최고의 사랑인 줄 알고 있었을 수도 있다. 아니면 자신도 똑같은 부모 아래에서 자라 아이들은 으레 그렇게 키우는 것인 줄 알고 있었을 수도 있다. 부모님들도 나처럼, 힘든 인생을 살고 있었고 그들 나름대로는 최선을 다한 것일 수도 있는 것이다. 그들의 입장에서 이해해 주면, 용서가 쉬워진다.

뿐만 아니라 내가 나이가 든 후에 나에게 힘든 상황을 만들었던 사람들도 용서해야 한다. 그들 또한 그 자신의 어린 아이에게서 벗어나지 못하고 자신의 상처를 가지고 타인에게 상처를 입힌 것일 수 있다. 용서는 짐을 벗는 것이다. 하나씩 둘씩 마음의 짐을 내려놓는 용서를 실천해 보자. 모든 짐을 내려놓는 날, 몸과 마음이 날아갈 듯 가벼워질 것이다. 마음에 휴식이 찾아오는 것이다.

사람은 자신이 작아 보일 때 우울하고 분노한다. 하지만 쑥 자라서 커진 자신을 발견했을 때는 더 이상 작은 일로 분노하거나 우울해지지 않는다. 귀찮게 구는 작은 개를 슬며

시 피해 버렸던 큰 개처럼 어른다운 너그러움으로 세상을 대하게 된다.

이제는 인간관계와 관련된 책을 읽고 그 방법을 터득해서 실행에 옮겨 봐도 좋겠다. 칭찬하고 격려하고 배려하고 경청하고…. 부모님, 또는 당신을 힘들게 했던 사람에게 맛있는 식사를 대접하거나 함께 목욕을 즐기거나, 작은 선물을 마련해 보자. 당신의 달라진 태도가 그들을 행복하게 할 것이다. 흔히 변화는 고통을 수반한다. 사용하지 않던 근육도 사용하면 통증이 생기듯 '안하던 짓'을 하려면 처음에는 망설여지고 쑥스럽고 어색하고 불편하다. 그러나 처음 한 번이 어렵다. 행복해하는 그들의 모습이 나의 이 기분 좋은 변화를 가속화시켜 줄 것이다.

내 안의 무엇이 나를 고통스럽게 했는지 발견하고, 그 고통을 유발했던 사람들을 이해하고 용서한다. 그리고 그들을 마음으로부터 껴안고, 그들을 행복하게 해 주기로 결단하는 모습.

그 모습을 그려 보라. 성숙하고 자기 존중감이 있는 사람만이 그런 태도를 취하고 그런 삶을 살 수 있다. 마음의 매임으로부터 자신을 놓아 주고 타인을 놓아 주면서 누릴 자유로움. 그 자유와 함께 내 안 저 깊은 곳에서 올라오는 기쁨을 느낄 수 있을 것이다. 얼마나 근사한가? 당신은 당신 그대로의 모습으로 바로 그런 삶을 살 수 있는 존재이다.

에필로그

세상을 움직이는 것은
보이지 않는 '내면'이다

정신과 의사가 된 이후 마음 고생하는 사람들을 많이 만났다. 사는 것이 너무 두려워 숨고만 싶어 하는 사람들을 보았고, 외롭고 추운데 아무도 곁에 없는 사람들도 만났다. 자신이 초라하고 못나 보여서 차라리 죽고 싶다고 생각하는 사람도 있었고, 자존심이 상하고 분해서, 참을 수 없이 분해서 상대를 죽이는 무서운 공상을 하는 사람도 있었다. 그들은 우울증과 화병에 걸려 있었고 자살을 생각하고 있었다.

　이미 말한 대로 그들은 나름대로 그럴 만한 현실적인 이유를 갖고 있었다. 배우자의 외도도 있었고, 사업 실패, 동료의 배신, 사랑하는 이의 죽음 등이 그 이유였다. 나도 정신과 의사 초년에는 이런 환경적 이유가 이들을 괴롭히는 병의 원인이라고 생각했다.

그러나 나이가 들면서 차츰 분명해지는 것이 있었다. 그것은 똑 같은 일을 당해도 사람마다 반응이 다르다는 것이었다. 예컨대, 사랑하는 이에게 배신을 당했을 때 어떤 사람들은 절망감에 빠져 자살을 기도하고 응급실에 실려 온다. 그러나 모두 이런 반응을 보이는 것은 아니었다. 어떤 사람들은 '그녀는 갔고 나는 너무나 힘들지만 그렇다고 내 인생이 끝난 것은 아니야' 하면서 괴롭지만 현실을 수용했다. 이런 반응은 의지력이 강하거나 약한 것과는 관계가 없었다.

그것은 성격의 문제였다. 성장 과정에서 겪은 경험들, 그 경험 가운데 만들어진 '마음속의 아이'가 문제를 일으키고 있는 것이었다. 마음속의 아이는 인간 의식의 지하실인 무의식에서 온다. 무의식은 또 하나의 마음의 세계이다. 이 마음의 세계는 현실감이 없어서 상상을 했을 뿐인데도 마치 그 일이 실제로 일어난 것처럼 해석한다. 예컨대, 좋아하는 그와 섹스를 하는 상상을 했을 뿐인데 무의식에서는 마치 그와 실제로 섹스를 한 것처럼 죄책감을 느끼고 처벌에 대한 불안감에 빠진다.

무의식은 시간 개념도 없어서 유년기에 경험했던 일을 마치 지금 일어나고 있는 일처럼 느끼게 한다. 앞에서 소개한 눈 오는 날이면 우울해지는 부인의 경우가 그 예이다. 대여섯 살 때 눈 내리는 날 아무도 없던 큰 집에서 느꼈던 외로움은 그녀 안에 생생히 살아 있다. 그녀는 어른이 되었지만 눈만 내리면 마음은 대여섯 살 아이로 돌아간다.

우리의 무의식 속에서 사는 자라지 못한 아이는 기회가 있을 때마다 의식계를 지배한다. 그때마다 인간은 유치한 '마음속의 아이'의 감정에 사로잡히고 아이같이 유치한 행동을 하게 된다. 예컨대, 연인이 떠나가 버렸을 때 절망적인 반응을 보인 사람은 누군가 자기를 떠나가는 것을 못 견디는 아이가 무의식에 살고 있는 것이다. 그는 이젠 어른이 되어서 그녀가 떠나갔어도 나름대로 자기 인생을 성공적으로 살 수 있지만 마음속의 아이는 이별 불안 때문에 절망감에 빠지는 것이다.

그래서 얻은 나의 결론은 인간을 불행하게 만드는 이유

는 환경적 불행보다는 내적 환경, 심리적 환경이고, 더 구체적으로 말하면 무의식에 살고 있는 아이가 인간 불행의 진짜 이유라는 것이다. 이 마음속의 아이를 이해하고 그 아이로부터 해방되는 것이 우리의 숙제이다.

나는 이 책에서 휴를 소개했다. 그는 일벌레였고 나름대로 성공도 했지만 행복하지 못했다. 그의 마음속에 살고 있던 억울한 아이도 소개했다. 휴는 마음속의 아이를 발견하고 편하고 자유로워졌다. 그의 말대로 '신비로운 체험'이었다. 그의 변화 중 가장 인상적이었던 것은 친구와 말할 때 '자기를 의식하지 않고' 이야기하는 자신을 발견했다는 대목이었다. 때때로 우리는 얼마나 남의 눈치를 보며 남 앞에서 나를 의식하느라 피곤한가. 나를 어떻게 생각할까 하는 두려움에서 벗어나는 자유로움은 인생을 살 만한 것으로 만든다. 휴는 30년 만에 처음으로 휴식이라는 걸 맛보고 행복해 했다.

그러나 한 가지 조심스럽게 말해 두고 싶은 것이 있다. 휴의 변화는 매우 드라마틱하고 특별하다. 그래서 예로 채택되었다. 그의 드라마틱한 변화는 그가 그만큼 건강했기 때문이고 그의 갈등이 복잡하지 않고 단순했기 때문이라고 생각한다. 그러나 모두가 이렇게 짧은 시간에 이런 변화를 얻을 수 있을 것이라고 기대한다면 그건 인생을 너무 쉽게 단순화시켜 버리는 것이다. 인생은 다양하고 복잡한 것이기 때문에 모두가 휴처럼 드라마틱할 수는 없다는 것을 말해 두고 싶다.

나는 이 책에 내가 만난 인간의 내면에 살고 있는 다양한 '마음속의 아이'들을 소개했다. 어린 휴들이다. 성난 아이, 질투하는 아이, 의존적인 아이들이었다. 열등감에 사로잡힌 아이나 의심이 많은 아이는 의처증을 만든다. 잘난 체하는 아이는 주위 사람들을 착취하고 파괴한다. 조급한 아이는 심장마비를 잘 일으킨다. 외로운 아이는 우울증에 빠지기 쉽고 외로움을 달래려고 복잡한 이성관계에 빠지기도 한다. 마음속에 좋은 엄마와 나쁜 엄마가 통합되지 않은 채 분리되어 있는 아이는 인간관계를 오래 유지할 수가 없다. 너무나 좋아하다가도 일단 실망하면 상대를 악마로 보기 때문이다.

앞에서도 말했지만, 독자들 중에는 이 책을 읽으면서 문득 자신 속의 아이를 만난 사람들도 있을 것이다. 그때 두

가지 반응이 나올 수 있다. 가장 기분 좋은 반응은 '아하, 그랬 었구나!' 하는 반응이다. 갑자기 자신의 행동 중 어느 부분이 환하게 이해되면서 누군가에게 그걸 말하고 싶어질 것이다. 그리고 자신을 누르고 있던 짐이 벗겨지는 느낌이 들 것이다.

무의식에 숨은 자기를 찾아 떠나는 여행은 미지의 나라 를 여행하는 것보다 더 흥미롭고 신기하다. 그리고 자신에 대 한 이해가 깊어질수록 사람은 자유롭고 편해진다. 휴처럼 30 년만의 휴식을 경험할 수도 있다. 지친 우리에게는 휴식이 필 요하다. 자신을 이해하면 할수록 자신의 가치가 보인다. 자존 감이 회복된다. 내적인 쇠사슬을 끊고 자유인으로서 우리가 우리 마음의 주인이 되어 산다면 그것은 축복된 삶이다. 어렵 게만 보이던 인생이 살아 볼만한 인생으로 달라질 것이다. 이 책이 그런 인생길의 안내자가 되길 바란다.

이 책이
마음의 자유와 쉼을 얻는 데
도움이 되었길 바랍니다.

행복한 성공자를 위한 출판—
비전과리더십